吴玉林 ································ 编

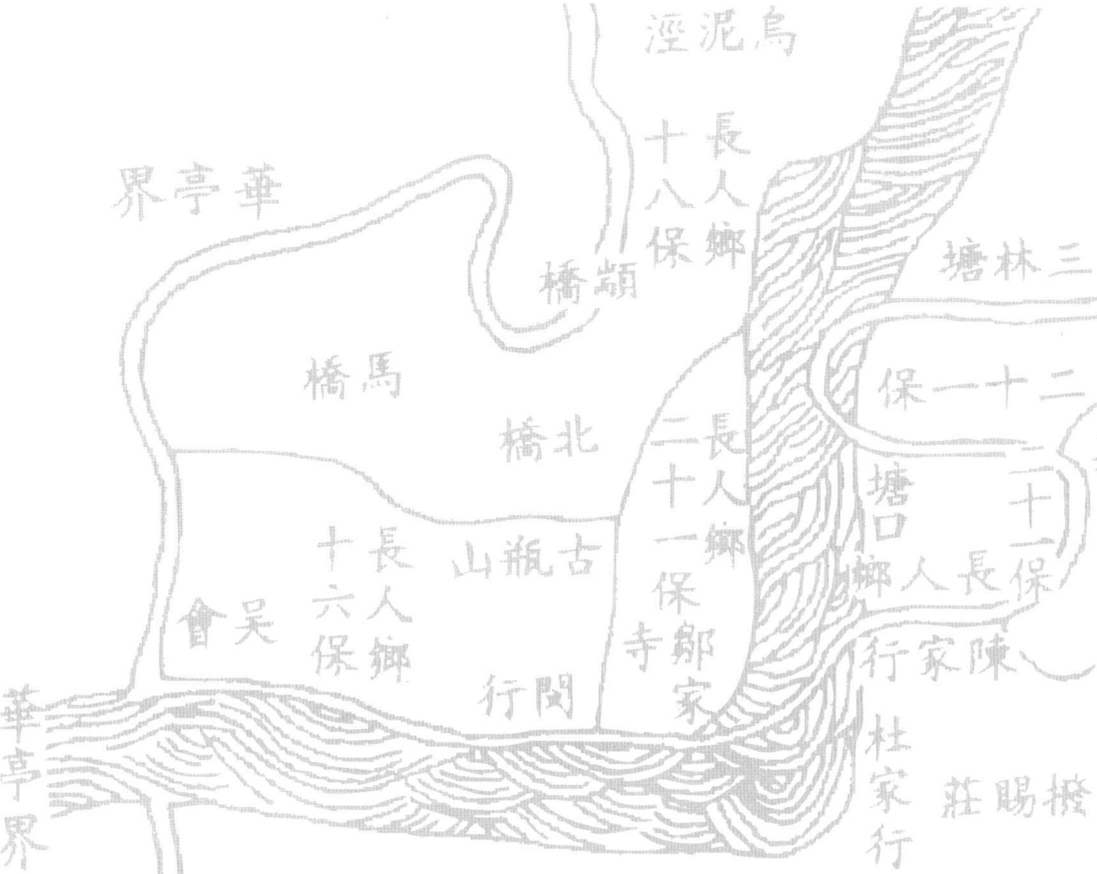

樱桃河畔

上海書店出版社
SHANGHAI BOOKSTORE PUBLISHING HOUSE

总　序

祝学军

习近平总书记指出，“文化自信是一个国家、一个民族发展中更基本、更深沉、更持久的力量。”

闵行区承上海县700年历史文脉，更有史前“马桥文化”5000年之历史渊源和深厚积淀，其前身上海县的立县历史可追溯到元代至元二十九年（1292），是上海“建置之本”，人们口中的“先有上海县再有上海市”并非妄语。明清时期的上海县交通便捷、经济发达，受松江府城的近距离辐射，经济、文化、城镇发展均优于其他地区；在近代城市化进程中，既没有彻底洋化，也没有固守不变，从而成为农耕文化、商贸文化与近代海派文化的相生、相融之地，独具地域文化特色。

改革开放以来，闵行区经济社会发展成就显著，经济总量、财政收入、居民生活水平、城市化进程、公共服务等诸多指标均位列上海各区前茅，闵行经济技术开发区、紫竹高新区、莘庄工业区引领经济发展。所以，闵行是上海的工业基地、科创新区，也是当之无愧的经济强区。同时，闵行集聚了上海交大、华东师大、航天八院、中国商飞等众多高校科研机构，各文化艺术门类、文化艺术团队及文化名人遍布全区各地，是上海的人文高地和名副其实的文化大区。

闵行区的前世今生，堪称海派文化的发祥之地。闵行区政协牢记肩负的文化使命，若干年之前，区政协文体委就组织开展了闵行文化资源的调查，据当时调查报告所示，作为闵行区文化资源重要组成部分的地方历史文献，未能及时系统整理出版，为此提出了相关建议。2017年，区六届政协工作开局之初，就着手筹划闵行文史资料的编撰出版工作，由学习和文史委员会负责编制本届政协文史资料编撰出版工作规划，定名为“发现闵行之美”系列丛书，秉承“以人存书”“以书存史”“以史为鉴”的原则，计划每年编撰出版一辑5册，共五辑25册，分五年完成。从“民艺乡俗”“岁月有痕”“老巷陈香”“故土之韵”“百舸争流”五个方面，集结闵行历史文化之精粹，以飨众多闵行和上海读者。

编撰过程中，也碰到了很多困难，但有幸于闵行丰厚的历史和历代先贤留下的文化瑰宝，让我们充满底气；政协委员和社会各界的鼓励和支持使我们信心倍增。热切期盼得到社会各界持续关注、支持和热心指导。

让我们共同努力，传承好闵行灿烂的历史文化，谱写好未来的美好乐章！

目 录

第二篇章　尚义羽觞随流波

第三篇章　莺窦灵秀故园地

第四篇章 黄浦湾畔蝶自舞

走过一个叫"吴泾"的地方

（代序）

作为本地人，对吴泾不可谓不熟悉，但若说了解，又自觉肤浅的很。

我老家坐落在马桥镇临近黄浦江畔的一个小村落，而外婆家则为今浦锦街道所辖的陈行。小时候，每次去外婆家，需从老闵行乘闵吴线，沿着窄窄的高低不平的剑川路到龙吴路下车，再转乘龙吴线到车沟桥，这里有个叫陈车线的摆渡口，对岸为陈行塘口。闵吴线和龙吴线相汇之地便是吴泾，那时称之为吴泾街道。龙吴路东边是成片的居民小区，规划有序、生机勃勃，一点也不像许多自然形成的农村集镇那样散乱无章；往北，则是大片的工厂，烟囱高耸，浓烟滚滚。在20世纪七八十年代，对一个没有见过什么世面的孩子而言，大概这就是城里厢里了，同上海（市区）一样的城里厢。

后来才知道，这个叫吴泾的地方大有来历，地名源于黄浦江支流吴冲泾。"去县沿南七十余里，有吴冲泾。泾之长可数里，东合申江，西入莺窦湖。”（清《塘湾乡九十一图里志》，王蔼如）。这申江便是黄浦江的别称，吴泾紧临黄浦江，而莺窦湖，又称樱桃河，北起俞塘，南迄黄浦江，虽不长也不宽，却因其历史久远，在当地十分出名。千年来其名字经历了数次演变，如罂脰湖、罂窦湖、鷪窦湖、莺湖、莺脰湖、鹦窦湖、莺脰河等，留下不少传说。樱桃河之名，如果从官方的记载来看，应该从明洪武三年（1370），邑人、上海县训导顾彧创修《上海县志》算起，如此，樱桃河这个称呼，也已至少使用600年。自古以来，这里村舍连阡、炊烟错落，男乐于耕，女勤于织，以俗厚民醇著称。莺湖九老会、尚义桥、邹家寺……莺窦灵秀故园地，胜景遗迹何其多。

听上去，樱桃河颇有桃源意境的田园风光，而坐落在吴冲泾樱桃河畔的吴泾的确已经历了两千多年的农耕时代，不过到了20世纪六七十年代，无论是在本地人还是上海市区人眼中，只要说到“吴泾”，便自然想到的是吴泾化工区。从20世纪50年代末起，这个黄浦江畔寂寂无名的自然村落，不仅书写下了新中国化工行业浓墨重彩的一笔，也造就了闻名全国的“五朵金花”——上海碳素厂、上海焦化厂、吴泾化工厂、上海电化厂（氯碱化工前身）、吴泾热电厂在这里拔地而起，在半个多世纪里，为上海的工业生产和市民生活作出了巨大的贡献。

吴泾这个地方，是在1959年12月从上海县划出的，归新建立的闵行区，当初叫着吴泾镇街道，后更名为吴泾街道，一度还成为徐汇区的一块“飞地”。2000年10月18日，吴泾街道与塘湾镇合并，建立闵行区吴泾镇，一晃已有20多年了。事实上，从江边一个小村落到吴泾镇街道，再到吴泾街道、吴泾化工区和如今的吴泾镇，吴泾这个区域名始终与另一个地名相关联，那便是塘湾。数百年来，两者始终处于一种互相包含、混合的状态，你中有我，我中有你。塘湾是一座具有五六百年历史的乡村小镇，街市出现颇为久远。清同治时，这里已为“市”，是附近人们聚集交易的热闹所在。吴泾化工区建成以后，塘湾和吴泾，一个是阡陌沃野的乡村集镇，一个则为工厂林立的都市雏形。两者紧紧相连，相得益彰。直到20世纪90年代至本世纪初期，曾经盛极一时的化工重镇逐渐没落。那时候的吴泾，在大部分人眼里，两面临水，是一个死角，没有地铁，公共交通长期仅仅依靠“龙吴线”“闵吴线”支撑。城区的风貌因为化工厂区的存在而显得有些“灰头土脸”，且污染严重，空气中充满着浓浓的刺鼻味道，生态失衡。而塘湾也由于缺乏地理优势等因素，各方面的发展普遍落后于周边乡镇。

吴泾的华丽蝶变是在这20年的时间。这个地处“浦江第一湾”、莺窭灵秀之地，曾经千帆竞渡吴冲泾，而今终于牢牢抓住了时代所赋予的机遇，乘着上海对化工行业产业结构的调整和迁移，朝着“科技时尚”目标再次扬帆起航。新千年之初，一座耀眼的科技新城在浦江湾、樱桃河畔拔地而起。它有一个响亮的名字——紫竹高新区。20年的勠力奋斗，已成为国家级高新园区，承担起上海建设“具有全球影响力创新中心”的使命，致力打造“东方硅谷”；同时，一大批文化时尚企业汇聚于此，从品牌服装到高档化妆品，集研发、设计、创意、培训、营销为一体，促进“制造”向“智造”升级、“制造”向“服务”延伸，在上海打造国际时尚之都的大背景下，这里已具备了时尚产业雏形；上海交通大学、华东师范大学等知名高等学府相继在这里扎根，并开花结果，为这块尚义之地、耕读之乡更增添了厚重浓郁的人文书香；打造滨江生态通廊蓝图徐徐展开，吴泾的生态环境日益改善，兰香湖、放鹤谷、间隔绿化带的兴建，使这里的居民开始迎来美好生活的红利，江湖兼得，天赋生态自然宜居。

如今，再次走过这个叫“吴泾”的地方，心中的感慨可想而知。吴泾，不一样了。

这本《樱桃河畔》文史汇编集，作为“发现闵行之美”闵行区政协文史丛书“故土之韵”辑的组成部分，较为全面系统地收集、整理了数百年来吴泾地区的人文风情和历史演变，描述了它从江边村落、市井集镇、到工业重镇，再到国家级科技时尚特色小镇的发展历程。我们欣喜地看到，吴泾，正在以令人惊艳的速度蝶变，从前它是耕读之乡、尚义之地，而今却是浦江之珠，圆梦之城。宜居、宜学、宜业、宜创，未来不可限量。

樱桃河畔，微风徐来，“泾”彩不断。

吴玉林

2021年9月

第一篇章　千帆竞渡吴冲泾

老吴泾，新吴泾

钟 合

说起“吴泾”这个名字，相信知道的人很多。说起“吴泾”在哪里？人们一般第一反应是“龙吴路剑川路口”或者“永德路步行街”这些“门面”地点，还有不少人一提到吴泾，首先想到便是“化学工业区”的形象。当然，这些都是人们的刻板印象，是由于吴泾方圆几十里农村地区，在20世纪五六十年代规划为化工区而扩大地域范围，使其有了相当的“知名度”。那么追根溯源，“吴泾”这个名字是怎么来的，在它没有戴上“化工”这顶帽子之前，历史上最早的“吴泾”究竟是在哪里？

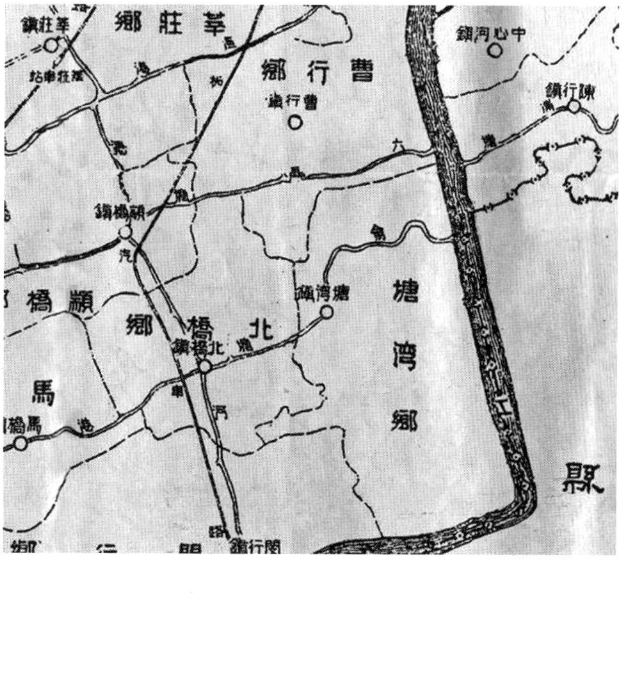

1934年的塘湾集镇位置图
（资料图片）

从“吴冲泾”到“吴泾”

“吴泾”这个地名源于黄浦江支流吴冲泾。吴冲泾长数里，其间曲折萦回，西通莺窦湖。元末明初，入江口设摆渡口，浦东对姚家浜，称“吴冲泾渡”，并建永慈庵供渡江者歇脚。后在渡口北又建吴冲泾庙，内有斗姆阁。

清代，世人将吴冲泾渡口一带简称为“吴泾渡”“吴泾”，尚无村落。清宣统元年（1909），日新小学堂改称吴泾小学堂，并被载入《上海县续志》。1920年3月，在江边渡口附近建立中华第一窑业工场（1923年改称信大砖瓦有限公司）。不久，闵南轮船公司客轮和浙江“湖州班”“平湖班”客运轮在此设班船码头。这里人口骤增，渐形成小集镇，人称“窑头”。

1930年，上海县第二区分设吴泾乡、六道乡、甘露乡、观涛乡和塘湾镇。“吴泾”首次成为官方地名，“窑头”一带被俗称“小吴泾”。抗日

等待更新的塘湾老街（资料图片）

塘湾老街一角（资料图片）

战争爆发后，“小吴泾”市面衰落。1947年，吴泾乡和六道乡合并，称乐道乡。“吴泾”就此几乎不见了。

20世纪50年代末，吴泾化学工业区逐渐形成规模。1958年9月30日，上海市轮渡公司开辟杜吴线轮渡航线，吴泾渡口重新热闹起来。同时，从渡口向西修筑公路连接塘湾镇、北桥镇，取名北吴路（北桥镇至吴泾轮渡口）。为工业区配套而建的华港路也往南延伸至吴泾轮渡口，改称龙吴路。这里，先后兴建吴泾新村、吴泾二村、永德新村和社区公共设施，成为化工区职工生活区，人称上海“卫星城”。就此，“吴泾”一下子向北扩展了许多，中心移到了工人新村区域。而江边的“小吴泾”逐渐被湮没，后来这里被吴泾热电厂征用，吴泾轮渡口也迁移到剑川路东端。

1959年12月，“吴泾”一带从上海县划出，归新建立的闵行区，取名吴泾镇街道（1961年更名为吴泾街道）。2000年10月18日，吴泾街道与塘湾镇合并，建立闵行区吴泾镇。吴泾镇保留吴泾村，面积为0.7平方公里。

俞塘河湾的塘湾

事实上，从吴泾乡到吴泾镇街道，再到吴泾街道、吴泾工业区和如今的吴泾镇，吴泾这个区域名始终与另一个地名相关联，那便是塘湾。明清时代，吴冲泾下游南北两岸属上海县二十一保九十一图，归塘湾乡。1930年，吴泾乡初设时仍属原九十一图范围。其后，吴泾和塘湾的行政名称一直在变，两者的区域范围也始终处于一种互相包含、混合的状态。

塘湾地区历史悠久，元至元二十九年（1292）设上海县时，塘湾地区属上海县长人乡十八保、二十一保。塘湾镇位于塘湾地区西北部，因镇紧靠俞塘河和与樱桃河的汇合转弯处，故名塘湾，乡也以镇定名。作为一座具有五六百年历史的乡村小镇，塘湾出现街市也颇久远。《同治上海县志》便将塘湾镇称作“市”。可见，那时的塘湾镇，已是附近人们聚集交易的热闹处所了。

民国初期，塘湾镇即是塘湾地区的政治、经济、文化中心。民国二年（1913），在塘湾镇中心街东面创办初级小学堂。民国十九年（1930），镇上设立了上海县第二区区公所和塘湾警察分驻所。次年7月，又于前进街东面办起了塘湾民众教育馆。

抗日战争以前，老镇以中心街为镇中心，中心街与前进街、振南街、三新街排成“工”字形。四条街市店铺林立，市招高挂，其中尤以中心街最为集中，全镇有各类店铺六七十家，门类众多，食用齐全。沦陷期间的1939年，塘湾镇遭到空前浩劫，前进、振南、中心街的大部房屋均为日本侵略军焚毁，全镇建筑被毁过半，抗战胜利后才逐渐恢复。

1952年，俞塘河裁弯取直，并借道潘家浜，直通黄浦江。街市建设随之发生变化。自20世纪70年代以来，街面逐渐拓宽，中心街东移与南街取直，即在中心街东侧自南而北建造一批建筑，与原中心街东埭形成新的对面街，称为北街。三新街南埭，建起五金、百货大楼，其街面与北街形成“丁”字形。在丁字形的交角处，又建造了供销社办公大楼，与三新街上的原乡政府大院相对峙。在塘湾镇北入口处，又新建了乡工业公司大楼，隔北吴路与文化站相呼应。整个街市布局，显得合理、壮观。

而后，随着吴泾工业区的快速发展，塘湾街市失去优势，日渐衰落。

曾经的化工重镇

1956年在党的八届二中全会期间，国家决定在第二个五年计划中兴建一批国产化的大型氮肥厂，光荣而艰巨的首建任务交给了上海。当最终

曾经的吴泾是一座化工重镇（资料图片）

确定将吴泾“老俞塘”地段作为吴泾化工厂厂址时，中国化工发展史掀开了崭新的一页。诚如伟人所言：“一张白纸，没有负担，好写最新最美的文字，好画最新最美的画图。”

1958年8月1日，刚兴建的上海氮肥厂更名为上海吴泾化工厂，并在这里诞生了新中国化工四个里程碑：1962年11月，中国第一套自主设计、自主建设、自主安装和自主开车的年产2.5万吨合成氨高温高压装置试产成功；1974年11月，建成国内第一套轻油转化年产8万吨的甲醇装置；1979年12月，我国自行设计制造安装的第一套大型合成氨装置——年产30万吨合成氨和24万吨尿素联动装置试车成功；2005年，建成国内第一套年产10万吨的醋酸装置。

同期，创建于1958年的吴泾炼焦制气厂（1960年改名为上海焦化厂，1997年改制为有限责任公司），也踏上了漫漫征程：1959年9月，1号焦炉推出第一炉焦炭向市区供应煤气；1966年至1975年，2号4号3号焦炉相继投产出焦；1994年，成为本市最大煤气厂；2013年5月，承担了上海半个城市且持续了53年的煤气生产输送任务完成了历史使命，累计输送城市煤气300亿立方米。

上海氯碱公司是民族实业家吴蕴初先生于1928年在上海苏州河畔创办的我国第一家氯碱化工企业——上海天原化工厂。1959年，设立吴泾分厂，后改名为上海电化厂、上海氯碱总厂。1999年开始，天原化工厂迁建上海化学工业区，新建华胜化工厂。

上海，曾经是中国最大的工业城市。吴泾，曾是上海最大的化工重镇。以拥有上海焦化厂、吴泾化工厂、氯碱总厂等而自豪。这些大型国企曾经辉煌曾经风光曾经有过不朽的业绩，它们的雄姿巍然屹立在黄浦江畔。直到20世纪90年代至本世纪初期，曾经盛极一时的化工重镇逐渐没落。那时候的吴泾，在大部分人眼里，两面临水，是一个死角，没有地铁，公共交通长期仅仅依靠“龙吴线”支撑。城区的风貌因为化工厂区的存在而显得有些“灰头土脸”。

吴泾急需转型，也正在逐步转型，曾经的化工业巨人正一步一步从泥沼中走出，并获得新生。

换装重生　“五谷丰登”

吴泾镇位于黄浦江东流北折处，素有“浦江第一湾”美誉。“五朵金花”，即上海碳素厂、上海焦化厂、吴泾化工厂、上海电化厂（后为氯碱化工股份有限公司）、吴泾热电厂，在新中国成立后半个多世纪的时间内，为上海的工业生产和市民生活，作出了巨大贡献。如今主动实现发展转型，逐渐蝶变为“五谷丰登”之所，即“东方硅谷”（紫竹高新区）、金领谷、中国梦谷、莲谷、放鹤谷。

近年来，吴泾镇的新闻“关键词”已经发生了改变，时装秀、音乐会、科技园区、高校、科研成果……这些词频频出现。这里已经有国家级的高新技术产业园区——紫竹国家高新技术产业开发区；有知名高等学府——上海交通大学、华东师范大学；有尖端科技——研发飞机发动机的中航商用航空发动机有限责任公司；有时尚文化产业基地——服装、化妆品行业集聚于此。生态环境也在日益改善，黄浦江滨江改造、兰香湖、吴泾间隔绿带的兴建，让这一曾经硬核的工业风区域，逐步走向了生态改善区域，也确立了“科技时尚”小镇的发展方向。

江湖兼得，天赋生态自然宜居；名校林立，教育强镇实力布局；产业高地，科创时尚双轮驱动；交通动脉，三纵四横资源灌注……曾经因老工业区而闻名的闵行吴泾，作为上海经济转型升级的重点调整区域，已经换上“上海南部科创中心和国家科技成果转移转化示范区的核心区”的新装，以令人惊艳的速度蝶变。

这里，就是浦江第一湾

杨　博　张乃清　殷　明

黄浦江是上海最大的河流，也是长江入海前的最后一条支流。翻开上海市地图，最为显著的地理特征之一，就是作为上海市母亲河的黄浦江。黄浦江干流起点在淀山湖湖口，由西向东进入上海市区，在上海的中部转向，由南至北汇入长江奔向东海。这一直角大弯角，就是“浦江第一湾”。

黄浦夺淞　江浦合流

追溯上海最早的历史地图，唐以前的上海，在当下黄浦江所在的位置，竟然是一片空白。此时的“上海”，唯有两条东西向的大河，一是北部（今嘉定区范围）的旧江，二是中部（今闵行区范围）的横潦泾。直到宋元时代，才出现了南北向的“黄浦”和东西向的“吴淞江”，而此时仍旧没有“黄浦江”。

明永乐年间，朝廷派户部左侍郎夏原吉（1366—1430，字维喆）赴江南治水。永乐二年（1404），夏原吉主持开凿范家浜等工程。他积极采纳鲁汇叶家行诸生叶宗行的建议，“黄浦夺淞”，动员十余万民工，以“第一湾”为起点，先后疏浚大黄浦、赤雁浦、范家浜等河道，打通了黄浦与吴淞江之间的淤塞（今日上海的陆家嘴区域），实现了“江浦合流”。

“江浦合流”工程将“黄浦”与“吴淞江”合流并引入东海，由此这条新黄浦就被命名为“黄浦江”。黄浦江在历朝历代皆为航运要道，商贸巨轮上溯黄浦江可通往郡城，向下可直抵上海县城，为上海开创了永续发展的水利、农业、交通等物质条件和经济基础，使上海县从一个普通县城发展成为“江海通津，东南都会”。从城市发展史的角度来看，黄浦江无疑是上海的母亲河，是上海作为城市发展的基础与命脉。

“江浦合流”工程奠定了今日上海的人文地理格局，功垂千秋，意义非凡。它不仅消除了城市的洪水内涝，成为守护城市安全的绿色基础设施，同时也是农业灌溉的重大水利工程、通商往来的黄金水道、城市发展的人文走廊，奠定了上海市“浦东浦西，泮水而居”的独特城市空间格局。“浦江第一湾”是“江浦合流”工程的起点，是一项长久以来被人忽视却又弥足珍贵的城市历史景观，以它为时空纽带，还串联着众多的历史

20世纪70年代的“浦江第一湾”（资料图片）

遗迹、鲜活的非物质文化遗产和丰富的关联性文化景观。

是起点，也是第一步

黄浦江孕育着这座城市不同历史阶段的发展。人们对上海这座城市的认识，往往止于上海的近代史，再往前追溯，好似一片模糊的时空。人们对上海城市文化的认知，常常停留在“海派文化”，乡土上海的文化之根何在？上海为何能海纳百川，它的文化基因中有什么特殊之处？这一切，亦需沿着浦江向上追溯，才能得以明了。

有人说，从“第一湾”到“陆家嘴”，可以领略整个上海千年历史的发展，“第一湾”是上海千年历史的起点！华东师范大学王家范教授则认为：上海是以其腹地经济的雄厚和水运四通八达的“地利”，成就其作为全国经济中心之大业。

以上海为龙头的“长三角”格局，始于明清时代，而黄浦江是这一“地利”的核心要素。“江浦合流”工程不仅塑造了黄浦江，更为重要的是，赋予了黄浦江极为重要的水利功能——成为太湖下游主要的排洪河道——这正是上海成为富庶之地、形成开埠港口的先决条件。

“第一湾”是“江浦合流”工程的起点，也是上海城市发展的第一步。为深入了解这些观点的依据，必须放眼于太湖流域的地理变迁，追溯到更为久远的历史时空。《尚书·禹贡》是中国最早的一部地理著作，其中就有“三江既入，震泽底定”的记载。古三江是指吴淞江、娄江和东江，震泽是太湖的古名。这一句话的意思是，太湖蓄积的洪水通过三江排入大海，就不会泛滥，这一带就可以安定无忧。

在公元8世纪以后（唐宋时期），随着全球性冰后期海平面升高和太湖地区的不断沉降，三江之水流速大减，所携泥沙在河道内沉积，排洪不畅，洪水泛滥。最早记载于北宋《水利书》的淀山湖，是在东江湮没后形成的，阳澄湖也是由于娄江堰塞，江水北漫而成；明洪武末年，吴淞江下游严重淤塞，致使浙西连年洪涝；永乐初年，吴淞江淤塞段已是“茭芦丛生，已成平陆”，苏州、松江府一带大水成灾。雪上加霜的是，每当潮汛，海水通过河道侵入内陆，良田成为盐泽，不可耕作。

正当上海的命运沉浮于洪水之中时，一位关键性人物出现了，他就是明永乐年间的户部左侍郎（后为尚书）夏原吉。他采取“掣淞入浏”“掣淞入浦”的方案，一方面将吴淞江上游之水引入浏河，一方面采用本地诸生叶宗行的建议，开凿范家浜，使黄浦与吴淞江合流后北流入海。工程完工后，太湖、淀山湖和浙西之水顺畅入海，苏州、松江府一带不仅水患消除，而且农业获得了大丰收。黄浦江因充沛的上游来水，逐渐自然扩大，万历年间，已扩展至千米，成为太湖下游主要的排洪通道，吴淞江也成了黄浦江的支流。由于上海的特殊地理位置，紧邻东海和长江口，以黄浦江为核心的内陆水网四通八达，连接江浙富庶之地，且黄浦江河床深广，极有利于设置港口码头，这一切都为上海奠定了对外贸易、工商业基础，是上海之所以持续繁荣发展、逐步成为世界城市的先决条件。

历史的载体，人文的空间

“浦江第一湾”是历史积累延续、不断发展的成果，现在所见的“浦江第一湾”仅仅是历史长河中的一个片段，而且还在不断地发展变化。这

如今的浦江第一湾 （资料图片）

类动态发展的空间景观，其本质与价值体现在历史信息的保护和延续中。“浦江第一湾”空间景观元素包含如下三方面：历史信息的空间载体。“浦江第一湾”所在的空间，即为历史遗存，以空间为载体，承载着各类文化景观；历史信息的空间表现，即水、岸、堤、田等可细分的空间要素；历史信息的空间特征。即空间要素的几何特征及其相互关系，如水陆形态关系、体量关系、虚实关系、高差关系等，这些“空间关系”是“浦江第一湾”区别于其他“湾角”的识别特征，是历史信息的载体。如果破坏了这些特征，历史信息就会失真，人们就无法欣赏从古代延续至今的原真性历史景观。

“浦江第一湾”的自然生态景观极佳，不仅景观类型丰富、极具滨江特色而且生态环境极佳，拥有城市中为数不多的生物多样性资源。它的自然生态景观主要包括自然本底景观、浦江沿岸风光和生物多样性景观。“浦江第一湾”的自然本底景观主要包括农田景观、林地景观、河道景观、滩涂景观等，这些景观不仅美丽，而且还保持着历史原生的状态，是人与自然和谐共生的时空景观，也是生态文明的最佳展示地。黄浦江沿岸风光极具特色，具有“田、岸、堤、滩、码头、黄浦江”融合的特色风光，是“浦江第一湾”作为历史发展层层累进的代表性景观，记录着上海市从农业、商业、工业不断转型发展的历史信息。“浦江第一湾”的生物多样性景观以鸟类景观最为突出，据初步检测有6目18科32种。部分种类是城市中较为少见的品种，如白腹秧鸡、黑水鸡、大翠鸟、环颈雉等。据文化学者考证，白腹秧鸡可能就是“关关雎鸠，在河之洲”中的雎鸠，其类似“关关”的叫声极为响亮，在农田与林地之间此起彼伏、响遏行云。此外，以乌鸫、八哥、白头鹎等组成的群鸟在“浦江第一湾”林地中的合唱，远在几百米外都可清晰听到，也是“浦江第一湾”生物多样性景观的一大特色。

“浦江第一湾”历史久远，历史建筑等遗迹较多，但十分遗憾的是，大部分并未保存下来。其中历史最为久远、保存完好的历史文物是在“浦江第一湾”湾角处（今地名寺嘴角）发现的一口宋代八棱石井栏，目前保存于闵行区古藤园。井栏高36 cm，口径25 cm，青石质，外壁镌有55字铭，记载了确切的年代，南宋绍定五年五月（1232），距今已有近800年历史，是“浦江第一湾”跨越时空的历史见证。

“浦江第一湾”的无形文化遗产，主要包括历史文献、诗词歌赋、人物传记等文化遗产。其中，尤以“浦江合流”工程中叶宗行的丰功伟绩和人格魅力最为典型，流传下来许多感人的历史典故，如“钱塘一叶清”“禹功江浦”等，至今仍为人津津乐道并广为纪念。叶宗行的治水思想，从根本上颠覆了前人狭隘保守的水利思想，为后人开启了治河新思路。这在上海地区的治河史上是一次突破性、开拓性、转折性的思想解放，有着现实和深远的历史意义。

“浦江第一湾”对城市历史景观的发掘与保护具有重要的意义与价值。“浦江第一湾”是上海城市记忆的空间载体，要说清上海历史发展的脉络，上海为何会有今日之成就，“浦江第一湾”就是一处无法绕开的历史坐标。“浦江第一湾”是上海作为城市发展的历史起点，它作为上海城市发展的历史性水利工程，保障了上海乃至江浙地区的长治久安，促进了地区农业、工商业的持续繁荣发展，并为上海成为江南区域最重要的通商港口奠定了物质基础，促成了今日上海作为国际化大都市的形成，真可谓功在当代，利在千秋。

先有樱桃河，后有东黄浦？

钟　合

吴泾有条樱桃河，虽不长也不宽，却因其历史悠久，在当地十分出名。尤其是千年来其名字经历了数次演变，留下不少传说。

据传，北宋元丰五年（1082），时任青龙镇监镇的著名书画家米芾（1051—1107），乘船路过樱桃河（那时它叫莺窦湖），忽起雅兴，留下了行草大作《吴江舟中诗卷》。诗中有“傍观莺窦湖，渺渺无涯岸。一滴不可汲，况彼西江远”句，感叹莺窦湖浩瀚无边，无法越渡。有史学研究者

20世纪末的樱桃河还保留着典型的农村风貌（资料照片）

以为，诗中的莺窦湖就是如今的樱桃河。在此之后，不仅其名称几经变迁，河水走向和模样也已今非昔比。

南宋绍熙四年的《云间志》云：“莺窦湖，在县东三十里，周回五里。”可见其水道已经缩短。明清的方志文献等多沿用《云间志》的说法，不过不同的历史时期，在表述上也产生了许多别称，如罂脰湖、罂窦湖、鷪窦湖（“鷪”为“莺”的异体字）、莺湖、莺脰湖、鹦窦河、莺脰河等。从上述的别称中，我们也能发现，莺窦湖的“莺窦”二字并没有一个十分明确的写法。据《（正德）松江府志》引洪武年间顾彧所纂《上海县志》记载：“邢窦湖，在上海西南五十五里，周五里，旧有邢窦二姓居此，故名。”这是我们所见关于“莺窦”名称来源的唯一解释，说明文献记载的莺窦湖，本名邢窦湖，在河畔聚居着邢、窦两姓的村庄，就以两家的姓氏命名了这条河。而“莺窦”及其诸多别称可能都是因循“邢窦”的发音而变化而来的。

邢窦湖、邢窦河的说法，也一直流传于上海当地，如清人王韬《瀛壖杂志》就记载：“癸酉（1873）冬间，叶固之大令疏浚邢窦、吴冲等支河，于是浦西诸流无壅塞之患。”又如清人蒋人猛《南汇蒋氏族谱》：“其湖邢窦，其县则上海”，说明当时还有人习惯将莺窦湖称为邢窦河或邢窦湖。那么，我们熟知的樱桃河的称呼又是怎么来的呢？根据顾彧《上海县志》的说法，是“讹为樱桃汇”，即以讹传讹，由于发音的相近，从“邢窦”讹为“莺窦”，又转而讹为了“樱桃”。《崇祯松江府志》沿袭顾志说法，载曰：“讹为樱桃河”，而《同治上海县志》则云：“鷪窦河，一作莺脰河，亦名邢窦河。相传邢、窦二姓居此。俗呼樱桃河。”《同治上海县志》与前志记载略有不同，从本来的讹传变为了俗呼，这也说明樱桃河的称呼

樱桃河的夜景，周边环境全然改变（资料图片）

在当时已经成为莺窦河的俗称，久而久之演变成了如今的正名。(《申报》1929年6月24日版《建设局技术员报告测勘里数》已正式使用“樱桃河”作为河名)。若从顾彧《上海县志》的记载算起，樱桃河这个称呼，也已至少使用了600年。

《幸福村志》和《英武村志》记载了两个关于名称由来的民间传说，可当趣谈。一则是说，一只莺在飞越湖面时，力尽掉进湖淹死，说明湖有多大，莺像窦娥一样冤死，故称“莺窦湖”；另一则说法是，因见老鹰飞过投入湖中，起名鹰脰湖。这两种说法都有点夸张，不过都说明了原来的莺窦湖之大。随着岁月变迁，人口增多，尤其是乡人为谋生活而不断拓展农田，占用湖面，于是“湖”逐渐变成“河”，“莺窦”在人们的口口相传中逐渐变成“樱桃”。

横跨浦江两岸的闵浦大桥 （资料图片）

“先有樱桃河，后有东黄浦”，这是常从老人们口中听到的一句话，但已无从查证。江浦合流成就了浦江第一湾，沿途低洼涯垠储水大量减少，莺窦湖区域逐渐形成一条条河流小溪，我想这句话不仅说明了两者形成的先后顺序，更代表着在水患治理，人民得以安居的过程中，它们的历史地位和价值。

而今黄浦滚滚，樱桃河却被东西走向的东川路、剑川路和放鹤路截成三段。南段，东川路南成为紫竹科学园区的景观河；中段的剑川路南成为华师大闵行校区的校舍与场地，路北至放鹤路成为吴泾拆迁村民居住地街坊间景观河；北段，放鹤路北，沿铁路至俞塘河。

樱桃河逐渐超出“河”的概念，成为一种象征，一种像“樱桃”一样鲜红饱满、有滋有味的幸福生活。

尚义桥头话“尚义”

徐静冉

曲终过尽松陵路，回首烟波十四桥。

古桥穿缀起闵行的悠悠岁月，如同一个时代的悠远旧梦，洞明千百年的时光流转，也连着今朝与昔时，沟通当下与未来。古人用智慧和汗水造就的杰作，使得河溪两岸的人有了更多的沟通与交流机缘，也因此多了几分人与人之间不曾忘怀的情愫。

尚义桥位于东川路莲花南路华东师范大学西大门校园内。始建于明宣德二年（1427），清代曾修缮。2004年再修，加筑青石桥栏。该桥桥面

20世纪90年代时的尚义桥 （资料照片）

为花岗石质，桥身为青石质，单孔拱桥，呈东西走向。桥面总长13.32米，中宽2.82米，拱径4.40米。两边桥面石阶各12级，顶心石浮雕灵芝漩涡纹，两侧额石均刻阳文楷书桥名“尚义桥”。2003年公布为闵行区文物保护单位。

500多年过去了，尚义桥历尽沧桑，古风犹存。与这位“原住民”比起来，2003年才建起来的华东师范大学闵行校区，实在是太过于年轻了。

如今，尚义桥安居于华师大闵行校区西南一隅，呈东西走向，静卧在波光粼粼的“紫竹源”上，已融为校内一景。不远处，是临水而建的六角凉亭，从此观赏尚义桥是绝佳的角度，桥下是莲叶田田，待到每年六七月份，小荷初露，蜻蜓栖立，颇具世人想象中的江南味道。

如今在华东师大闵行校区内的尚义桥 （资料图片）

这里曾是吴泾镇幸福村8组的所在地。若是冷不丁地和当地人提起尚义桥，他们可能还会一愣，然后问道：“你是说蒋公桥吧？那这个桥的历史侬晓得伐？”蒋公名为蒋性中，是蜀汉丞相蒋琬之后，在明宣德二年（1427）三月的丁未科会试中，荣登进士榜。按照惯例，朝廷为了表彰他，要为他修宅邸、建牌坊。可他认为与其利己，不若就此建一座桥，方便邻里通行，故尚义桥由此而来。当时世人为感怀蒋公高风亮节，便亲切地称这座桥为“蒋公桥”。“莺窦湖（河）水溢，民方病涉，与其荣我家，无宁以吾乡父老。”当年蒋公说这句话时，想必也未曾想到这段事迹会流传深远，甚至在500多年后的今天，仍吸引世人来此寻访。

尚义桥由四块条石拱成为梁桥座，桥不长，共24个台阶，从头到尾地走上一遍只要眨眼间的工夫；桥不宽，勉强能容纳二三人并行。桥顶的桥心石图案清晰可见，两侧的桥栏倒是新加的。它像一位见多识广的老人，不争不抢，不愠不怒，等待着莘莘学子去探读它的历史与内涵。

江南多桥，单以外表来说，尚义桥实在不算突出，但从蒋公造桥的这一义举上，它又胜出几分。为纪念蒋性中的尚义之举，吴泾镇在城市建设中延伸出了“尚义路”“尚义幼儿园”。而吴泾镇人民政府与华师大联手重新打造了“樱桃雅集·森林诵读”这一文化品牌，更是效仿明代“莺窦九老”相会于莺窦湖畔林间，吟诗诵经。

蒋公已逝，尚义犹存。

古花厅探寻

冯联清

随着吴泾先民一代代勤劳开垦，到明朝万历年间，吴冲泾一带已经形成了不少颇具规模的村落，王、马、钱等大族陆续在此聚居，并逐渐建起规模相当大的宅院。明崇祯年间，吴泾钱宏仁、钱宏义兄弟在家乡建造花厅，留存至今。

“花厅”曾经是名闻上海的明末古建筑，因其造工讲究、雕饰彩绘绚丽壮观，被人称之为“花厅”。这座吴泾地区的古建筑，位于闵行宝秀路

古花厅外景（冯联清摄于2016年）

以东、放鹤路以南、龙吴路以西、塘泗泾以北，历经300多年的沧桑。这里现在是吴泾镇共和村花厅村民小组所在地。

进入“花厅”区域，走过种着南瓜、辣椒等庄稼夹缝中的“羊肠小道”，眼前看到的是一排排农舍。世事变迁，周围环境发生了很多变化，要找到那个历史中的“花厅”老宅，笔者还是颇费了些功夫。

好不容易才辗转来到一排看起来很古旧的农舍前，经过一番询问（其中好几个是外来借住户），才确认眼前这排朝南的农舍，就是曾经名闻上海的明末古建筑“花厅”。

在当地农民钱金木的带领之下，笔者走进“正厅”，尽管这里堆着长年不用的农具、稻草、废弃的门窗，但在没有被掩盖的天花板和横梁上，当年的精雕彩绘，依然掩饰不住其光芒，让人们叹为观止。

祥云彩绘，“官帽”配饰，现在难得一见的粗大好木，大气的格局，虽经数百年的风风雨雨，现在看来依然熠熠生辉。

翻开20世纪80年代编撰的《塘湾志》，在“古建筑”一栏里以显目的位置记录着“花厅”的前世今生。尽管当时只有黑白照片，但是照片上花厅的精美雕刻、粗大横梁，以及恢宏的格局，让人有一睹为快的冲动。

据《塘湾志》第三节“古建筑”一栏头条的“花厅”记载：位于今吴泾大队花厅生产队，原名“燕翼堂”，由钱姓建于明崇祯末年（1644）。时中有正厅，西拥有侧厅，后有楼台，其造工讲究，厅内彩梁绘椽、绚丽壮观、名闻遐迩。因其雕饰彩绘，故乡人称之为“花厅”。该厅历300多年之沧桑，现仅存正厅，余皆废。正厅今作生产队仓库和托儿所。

然而，钱姓村民对花厅的描述，远不止于此。

村里钱姓最年长的“老长辈”钱土兴，已90多岁高龄，不仅耳背、

花厅内的精雕彩绘与官帽　（冯联清摄）

而且反应迟钝，但是一说起花厅的历史，却一点也不含糊。

“花厅？好啦呷！（本地土语：意思是好得不得了啊）。伲钱家的光荣啊！伲在迪里（这里）生活，真是有名的好地方！”老人含糊不清的话语，经其儿子的“翻译”，描述着他记忆中的花厅。

当年的花厅不仅南有照壁，而且北有楼台，是一个“拥有很大地盘”的古建筑。老人说，这个花厅历来是钱姓的骄傲，只有钱姓人可以在这里举行最为庄重的婚丧红白之事。当老人说到自己也是在那里举行婚礼的时候，原本有些僵硬的脸部表情，突然丰富了起来：“那时啊，来喝喜酒的亲朋好友多的来！”言语之间，老人似乎陷入了深深的回忆之中。

笔者自从20世纪60年代初从市区搬到吴泾，就从小学同学处得知在吴泾大队（2002年吴泾村与共和村合并），有个“了不得”的花厅。那时我们经常结伴去那里玩耍、玩捉迷藏，夜晚在墙角下捉蟋蟀。尽管年幼，不懂什么古迹和艺术，但是总觉得这个“花厅”特别高大，夏天特别凉爽，如果大声说话，似乎还会有回音。

那时候，儿时的小伙伴都住在“花厅”周围的乔长河、斗姆、洪家塘等生产队里，大家在互相陪伴下一起成长。花厅周围的农舍小河环绕，青竹环绕，茅舍隐隐，鸡鸭成群。秧田之中，风车嘎嘎，牛羊悠闲。

儿时的记忆中，“花厅”这个地方十分有名。在五六十年代，知道“花厅”这个地名的人甚至多于知道“吴泾”的。工作繁忙的父亲，也曾在星期天，带着我们几个“萝卜头”（小孩）到那里看吴泾“最有名”的古迹。记得父亲还指着横梁上的“官帽”雕饰，向我们讲解当地农民对做官的向往。而吴泾本地的“50后”和“60后”们，只要提起花厅，都会眉飞色舞地讲述关于花厅的往事。

在“文革”期间，花厅还被征用为知青的用房。后来知青返城了，此屋才重新作为生产队的库房。20世纪90年代中期，笔者还经常到心仪的花厅去看看，并用随身带着的相机拍些照片。

令人揪心的是，现今的花厅不仅年久失修，而且处于岌岌可危的地步。

走进这个昔日“钱姓人家”引以为豪的古建筑，电线横陈，易燃的竹木、稻草“堆积如山”。细细找寻之下，这座古建筑中，竟然没有灭火设备！而数年之前花厅的一次失火让村民们依然胆战心惊。那次的失火把横梁都烤焦了。

在花厅的东西两侧，有好几家外来户以每月几百元的租金，成为花厅的近邻。当问及他们，这里曾经是古建筑时，她们一脸茫然：什么古迹？不知道啊。而走进这些近邻家，电器、电线杂乱无章，隐患重重。

关于花厅的明天何去何从，钱姓村民也是意见多多。一些村民说，产权是我们钱姓的，但是生产队用到现在，维修费应该由大队来承担。而另外一些钱姓则认为：“最好早点动迁，这个破旧的房子拆掉算了，我伲钱姓后代都有份。”

当然，也有一些钱姓村民觉得祖业不可废弃，应该抓紧修好，毕竟是我们这块地方唯一存在的古建筑啊！但是，说起维修费用时，大家又是莫衷一是。

今后花厅的命运如何还不明朗，但是看着这座曾经令人骄傲的古建筑，如今正走向衰败，笔者心里不是滋味。

链 接

明永乐年初，江浦合流之后，黄浦江两岸不再遭受水涝之患，农业生产发展。至万历年间，吴冲泾一带已形成不少颇具规模的村宅，其中最为著名的有王氏厅、马氏厅、钱氏厅等大型宅院，显示了当时大户农家的实力。

清道光《塘湾乡九十图里志》记载：王氏厅由明代王春华建，“画栋雕梁，云屏镜彻，光彩陆离，造者目眩。由前至厅，室凡四进。其由后入者，历二室三堂，而后与厅会，计室共十进，而厅处其中。厅东西为客馆二，书舍四，井七，布置巧密，陈设精工”。

马氏厅由马应麟建造，“马氏为前明世家，列屋数百，望若云屯，厅甚壮丽”。时有俚谚称之“南马北王，地上天堂”。

后来，王氏厅毁于火灾，马氏厅年久失修而废。“王马盛时，鼎立者有钱氏。钱富不及王，而文学辈出，贵不如马，而蓄积饶多。”明崇祯年间，钱宏仁、钱宏义兄弟建造新宅，厅名燕翼，刻桷丹楹，人称“花厅”，规模虽不及王马，但量力而行，历久不渝。南有照壁，北有楼台，西有侧厅，周围小河环绕，青竹合抱。至民国年间，仅存四个智井（废井）井栏石。如今，“花厅”正厅幸存，已略作修复。

勤织堂与蒋家旗杆

钟　合

勤织堂是明代时吴泾本地人氏蒋性中用于奉养母亲的住所。

据明代王直《勤织堂记》的记载，蒋性中在京任兵科给事中，将自己的母亲接到北京来住，并特地修建了一间房屋来侍奉其母。蒋母年轻时勤于纺织，并以此助夫兴家，蒋性中父亲早逝，蒋母又仅以一己之力将儿女养育成人。此去京城仍随身带来了纺车和织布机，说："吾昔壮时勤于纺织，助汝父以兴其家。汝父弃遗，而汝孑立无厚资。吾纺织愈勤，朝而丝缕，暮而布帛。凡家用悉赖焉。今幸汝读书成立，而吾已七十八矣，不复能有为。汝宜记吾勤苦，以劝示子孙，吾志足矣。"蒋性中便将厅堂改名为"勤织之堂"。为此，皇帝亲赐"勤织勤耕"匾额，好友纷纷赋诗赞美，明代刘溥撰《勤织堂为云间蒋黄门用和赋》、陈循撰《勤织堂为给事中蒋性中母赋》以颂其事。

又《同治上海县志》记载："性中在京时邸第有乐耕、勤织二堂，后归，筑居湖上，因仍其名。"明成化四年（1486），蒋性中返乡回到莺窦湖后，在家大兴土木，建造了"四进式"江南典型家宅。宅东西长约180米，南北宽120米，占地面积33亩左右。宅正厅名为"勤织堂"，将带回的皇赐匾额悬挂在厅正中显著位置。

勤织堂建筑考究、坚固、气派，是蒋性中返乡后邀集文人墨客、有行谊者每逢月初到其家中作画赋诗，共饮同欢，人称"莺湖九老会"的场所。堂南北进深10米，廊高3.5米，东西宽20米，可放18桌。正厅边建“乐耕堂”自住，因此人称蒋性中为“乐耕公”。1978年村民拆除翻建楼房时，从堂上卸下的梁木是百年老杉木，直径50多厘米，每根可锯成4根作普通梁木用；同样，椽子每根可锯成2根。

按传统礼教，在家宅南面，老宅河前树立石牌楼一座。新中国成立前夕，因年代久远自然坍塌。清乾隆三十八年（1773）立“蒋氏家祠”碑于正南门进口处，大小两方。大方长134厘米，宽78厘米，厚19厘米；小方长80厘米，宽32.5厘米，厚17厘米。1958年办食堂时石碑移置蒋永成家做界沿石。后来在动迁时被浙江老板收购，下落不明。

蒋性中过世后，按中国传统祭祖方式，其后代在家宅东四五十米处，建了具有明代祭奠祖宗建筑风格，气势雄伟，庄严肃穆，集祭奠、议事、宗族活动、“做社”等功能的祠堂。祠堂坐北朝南，南北长约60米，东西宽约40米，约2400平方米，占地4亩左右。房屋结构“三进式”一场地，最北面是3间大厅，祠堂主建筑。正厅比东西两厅大，是陈列老祖宗牌位，摆放烛台、香炉、贡品的阁儿（供桌）和举行祭典时的主厅。两边侧厅相通，是按辈分排列牌位，辈分大的在东厅，小的在西厅，当然还按地位、资产等因素，不是所有蒋姓家族都可摆放。据说分“家蒋”“野蒋”。“野蒋”大多为贫苦百姓，就不能放入祠堂。每年清明等重大祭日，凡四邻八乡从蒋家繁衍出去的后代都出席，规模宏大，气氛庄重。1958年人民公社大办食堂，将所有牌位清理作柴火，有人数过，在1000座以上。

在东西侧厅向南各有两间厢房，门分别朝东、西方向，门外有走廊与厅及前屋相通。雨天可避雨淋。中间是个很大的天井（庭心）。再往前是正屋，也分3间，中间正房，开正门，与正厅门相对，两边偏房与正房相通。正屋外面是一块长约25米、宽20米的场地，四周是为保障整个祠堂安全，高达2.5米的围墙。在南墙正中，开着与前房、大厅成一条直线的两扇由铁皮包着的实木大门。大门外安放着两尊气势雄壮的石狮。从大门到大厅，有一条宽3米，铺青砖路面的大道。在场地东西角分别种有银杏树。据传，东南角那棵，大约在百年左右枯死，另一棵活了三百多年，树身直径1.5米左右，树冠高达25米以上。

据说，祠堂自建立后就有专人护理，1958年前还有沈姓全家居住看护。祠堂还有专用田地，由佃户耕种，每年上缴田租贴补祠堂活动经费。

1960年食堂解散，祠堂分隔成为蒋家老宅生产队仓库、畜牧场、生产队办公室。1967年在破“四旧”中毁坏，后来索性拆除，在原址建6开间3层楼楼房，成为幸福大队办公室、供销社、卫生医务室等场所。

蒋家旗杆位于友爱村西南部，为蒋性中后裔居住宅屋。据《友爱村志》记载，新宅因其前面矗立着两根旗杆，故几百年以来其宅名以“蒋家旗杆”而闻名。原来的蒋家改名为蒋家老宅，祖宗的祠堂也设在原幸福村的蒋家老宅。皇帝赐给蒋性中的“乐耕勤织”的横匾由蒋家老宅移至蒋家旗杆的东房厅里，金匾宽2米多，高约有1米，厚有4至6厘米，材质十分坚硬，底色为墨红色。后来，在“破四旧”时被砸了，旗杆也在20世纪50年代初期已毁，还有石羊、石牛、石马、石狮、石瑞兽被搬出去填了河浜，厅里大量的有历史价值的木雕和屋顶上的砖雕都被砸毁，从此再也无法去挖掘复原考证其历史价值了。

关于勤织堂，本地有不少资料均有记录，但相互间有所出入。如1987年《塘湾志》记载：勤织堂系砖木结构，四进建筑计房屋二十九间，面积约1440平方米，规模宏大，材料优良，构造讲究，尤以客堂与大厅之轩宏伟而驰名遐迩，时有松江府东第一堂之称。客堂脊梁粗硕无比，直径约达一尺半，中柱顶端装有叠拱箕斗；坐汕前装扦翅（即官帽翅，示官衔）和捧云（云状饰物），上有踏云仙鹤，以示吉祥；客堂门正中为四扇落地长窗，两侧下装雨闼，上各装四扇纱格窗；后看枋上挂“勤织堂”。“勤织堂”三个烫金大字，传为明著名书画家董其昌手笔。堂废于“文化大革命”期间，拆改为楼房。

哪是庵？哪是校？

钟　合

吴泾有座甘露庵，最早建于清代年间。

据闵行区档案馆现存的历史资料记载，甘露庵在1951年实行土地房屋确权登记时，其处址划在甘露行政村7组，庵的代管业主贺连堂（可能是现友爱村8组杨家塘已故贺姓村民）。其产权证还注明：甘露庵当时实有土地面积一亩九分一厘，有砖木混合结构的房屋13间。当时甘露庵的庵址环境，东为甘露小学（甘露小学因剑川路拓建，后校名改为剑川路小学），南为农户赵金根田地，西为机动田（其实际是低洼地，仅种些水稻），北为青花浜（此小河浜东西走向，往西通往樱桃河，往北拐弯往东，通向共和村1队、2队）。因历史的变迁，地域的沿革，自然环境的变化，原甘露庵的遗址已没有半点历史的印记，其遗址应在现友爱实验中学操场中间的位置。

当年甘露庵的宏伟殿堂印象，在年老香客记忆中还有所呈现。庵内供有观音、猛将（刘猛将军）、斗姥像（梦阿太）等多尊菩萨佛像。庵内的大殿是香客做佛事的重要场所，大殿的中间面南陈放着观音的半身佛像，在观音菩萨前，存放着香案、供桌，供桌上放着水果、糕点、糖果等供品。大殿的地面内志设焚香炉，拜禅、功德箱等做佛事的设备。在甘露庵周边3平方公里的区域里，甘露庵的佛事活动对外很有影响力，历年来香客进庵做佛事，烧香念佛成为传统习俗。

甘露庵的结构设计有些独特，按传统的古色古香寺庙建筑结构建造。观音大殿在西北角的位置，当地人习惯上又称为“老爷间”。大殿的构建是木质框架结构，用石灰砌的清水砖壁，气势恢宏，宽敞明亮。殿内四角矗立着4根圆形的红漆大柱子，顶撑着上端的框架结构，柱柱相连，枋枋相接，梁梁相扣，镶嵌成一个完整的框架结构的整体。而镌刻于大柱上的楹联，都显示了香客们慎终追远的道德情怀。大殿南面有一排精雕细刻造型别致的雕花格子窗，缕缕的斜阳透过窗棂折射到大殿内青色的方砖地面，衬托出大殿内静谧肃穆的氛围。

据有关资料介绍，甘露庵在清代已建立，而甘露小学却在民国建在其中，庵、校长期合二为一，经历了历史的风风雨雨，其经历已深刻地植根于香客的记忆之中。据年长香客回忆，当时，从外观上观察很难分清哪是庵？哪是校？有时会出现一种奇特的社会现象，东边教室朗朗的读书声，西边大殿木鱼伴奏的诵经声与乡村苍翠碧野融为一体，合成了人世间美妙奇特的景观。据庵、校共存的地理位置推测，庵、校建于不同年代，但建于同一区域，有可能是建造庵、校是同一的出资人，可能是出于管理上的方便所为，但这仅是我们后来人的主观臆测。

甘露庵、甘露小学在久远的历史沿革过程中，似一对连体姐妹的结合体，既互相独立、各自为政，又互相依赖、守望相助。它们长期存在于友爱村8队区域。庵、校层层的内部结构别具一格，呈现出曲径通幽的全封闭格局。庵、校外围没有围墙，但南面横屋中间大门紧闭，外人难以入内。其庵、校的整体布局结构是房屋与房屋相互衔接的整合连体：南面有一排从东到西的横屋，北边也有一排与之对称的横屋，而最东面的厢房把南北两面横屋相连接，中间也有厢房把南北两端横屋相连接，而最西面的厢房把南北两端横屋相连接。这样的房子结构形成了东西各有1个面积相同、方位对称的长方形小天井。而情况不同的是：西面的小天井里，地面整齐地竖铺着青砖，因地面潮湿，青砖上长满了绿色的苔藓，有时蚯蚓会在上面蠕动。而东边的小天井里，挖了一口几丈深的深井，旁边种了一棵长势茂盛、溢满芳香的桂花树。东厢房是教师的办公室，而西厢房则是庵的辅房。辅房是一个狭长、封闭的空间，小房子一间连一间，两边没有边门，辅房狭长而进深，窗口很小，光线阴暗，空气混浊，蛛网密布。这里是野猫、黄鼠狼、毒蛇、老鼠出没的地方，给人毛骨悚然、阴森恐怖的感觉。有时也有些胆大调皮的高年级男生，乍着胆子成群结伙光顾这个扑朔迷离的“禁区”。

甘露庵大殿中的菩萨塑像毁于五十年代，后大殿成为学生的活动场所，许多高年级的男生在大殿中打弹子、翻牌包、打棱角、结伙斗鸡，挥洒童年的乐趣，这些已是沉淀在漫长历史长河中的记忆碎片了，仅是现在回忆儿时的童趣话题而已。

甘露庵被拆除后，香客先是自发搭起简易烧香点，后决意复建甘露庵。这一过程并非一帆风顺，因材料简陋成为危房，再次复建后又再次遭到拆除，择址重建却又遭遇火灾，一波三折。直到2013年的年底，香客们以吴泾镇甘露庵的名义正式向镇政府和市区相关部门申请建庵土地5亩，并提出了选址在和平村的“三官堂”庙址。甘露庵最终在多方合作协调下重建。

一座金钟换一座庙

钟　合

金钟庙创建于明嘉靖十四年（1536），地址在俞塘河（原老俞塘）入黄浦江出口北侧。传说庙内有一座金钟，故称为金钟庙，也有传说有人在老俞塘里捞起了一座金钟，把金钟变卖后，用以造庙，故称为金钟庙。据史料记载，金钟庙砖木立帖结构，黄色墙面，大小瓦房有24间，房屋面积694.4平方米。1922年重修，是金红地区，乃至黄浦江流域具一定规模的寺庙。

金钟庙有正殿两厢房，庙前场地开阔，有高大直径约2米银杏树两株，庙坐北朝南，南有两扇大门，西大门为山门。进入山门左右两边有“风”“调”“雨”“顺”四座神像：西厢房内，安放“丧船”，穿过亭心就到达正殿，正殿有三尊神像，城隍老爷坐中，孟阿太、施阿太分坐两旁，十分庄重；正殿东室有寝室一间。进入东大门，便是一个较大亭心，亭心东、西是厢房。东厢房有数间房间，有道长室，“道友室”（道士，但一般不直呼“道士”）西厢房有餐室，庙务工作室及仓库。

金钟庙每逢初一、月半烧香客为多，每年农历十月初一为庙会日，除了进行庙会仪式外，庙前开阔场地上搭棚，请戏班子唱戏或说书人唱书，善男信女烧香叩头。村民也借此看戏、听书，场面十分热闹。届时，庙董事会一年一度碰头会在住持的主持下，商议年中活动、行善、经费之事，中午在庙餐室就餐。

20世纪50年代前，每逢农历十月初一，为金钟庙庙会。据老人回忆，农历十月初一那天，金红地区的农民从四面八方聚集金钟庙，人山人海。上午九时整，一顶金碧辉煌的绿呢大轿停在庙大殿门口内，轿内安坐着金钟庙“老爷”（称城隍老爷），身穿黄色道衣裤的八个人作好抬轿准备。顿时，钟鼓号角齐鸣，鞭炮声不绝于耳，绿呢大轿由八人就位起轿出殿门，四周的善男信女器都跪在地上叩送。那时庙门外面，预先已经有长约百米的仪仗队排列恭候：队伍最前面有四只顶马，跟着的是一块路由牌，紧跟着就是由两人抬的两面大金锣。随之有人拿着清道旗、肃静、回避的虎头牌、朱漆金字的官衔牌，官衔牌上面写着某某护海公、某某护国公等。后面接着是高昌司、财帛司、申侯等衔牌。紧接着的便是许多穿戴皂隶、青袍赤带、有红冠黑冠（俗称红黑帽）队伍，他们各人执水火棍，以及各式刑具和铁链，行走时会喊着“虎威”两字。其中还有全副执事，都手执朱漆红棍兵器，这就是城隍仪仗队，随着号角，锣鼓队仪仗队慢慢前行。会众随后有50多人，有些人穿黄色会服，俗称“黄衣会首”，多数是周围农民。有些人自以为有罪孽，则穿一种蓝色短衣随队，认为可以赎罪。接着是女人，都穿红丝绸衣裤腰系百绉裙子，扮成女犯状，希望赎罪。后面叫旗牌队，穿武士装，人人手执五色丝绣的大旗，耀武扬威；旗牌队过后，是一些穿玄衣紫带的皂隶数十对，手握铁链和手铐，一路走，铁链一路地上拖，琅珰之声不绝。紧接着就有许多袒身露腹的人手执朴刀，作刽子手状，胸前长着无数茸毛，脐部贴了一张膏药，既威且武，这是大家最关注的。

后面跟着来的，百戏杂耍，有些是踏高跷，有些是抬阁，有些是荡湖船，大多是饰演武松打虎、八仙过海等民间故事。还有些蚌壳精，每一个蚌壳精是由一个年轻貌美的女孩扮演的，身穿肉色紧身衣，绣花红肚兜，两面蚌壳，一张一翕，很是动人；队伍中还有一个瘟官，歪戴乌纱帽，拖着小胡子，右手执着白纸扇，左手拿着一个酒壶，坐在轿子里作饮酒状，这是讽刺糊涂官的一幕。再后是一个方形的台，上面立着一个小孩，两手托着两个男女，看来好像力大无比，其实里面是由一个铁架支撑着的（称“抬阁”），这些男女扮演唐僧取经、水漫金山等民间故事。这种抬阁是会景中的主要节目，还有几个小童扮成武松样子，立在大人的肩上，也很受欢迎。随后，紧接着的是“腰锣”“万民伞”“对马”“清音”队伍，其中又有一班班的“清客串”，即是吹笛箫笙管的音乐合奏，声调悠扬，非常动听。

会景之中，最叫人看来有惨不忍睹之感的就是“托香炉”，是用银钩一排，刺进臂部的皮肉中，下垂铜链，拖着一只十多斤重的锡香炉，这种人的臂部皮肉几乎生了结缔组织，所以从来没有血液外流。一般看会景的人，都认为是获得了城隍的保佑，所以不会流血。

会景中最使人害怕的是有许多黑衣紫带的阴皂隶，耳边插上一张黄纸，手执卷赎或刑具，仿佛捏着传票与刑具要来捉人的模样。阴皂隶每两个一排，眼睛相向直视，眼珠一动不动。扮这种皂隶也由熟手充当，否则一路上不眨眼是办不到的。

庙会中最受敬重的是城隍的神轿，有八个人抬着，另有许多皂隶和武士护驾，呼喝之声震天动地，看会的人也觉得城隍的威灵显赫，两旁寂静无声，迷信的男女跪地膜拜。路过时，富有之家都在自己家门口设香案迎送。

庙会为什么如此隆重，据有关人士说，一是抚恤震慑孤魂野鬼，弥补鬼仰之缺门；二是于“戴罪还愿，寻求心里安慰，追求心理平衡”；三是“娱人娱神，人神共庆，以弥补日常文化娱乐活动之不足，起到调节精神生活的作用”。可以毫不夸张地说，庙会是金红地区农民的狂欢节和化装舞会。

金钟庙除每年一次庙会外，每年还有两次城隍老爷出会。出会当天，城隍老爷神像宝座有八人抬起，刚到门口就鼓锣齐鸣，前面有身穿道服的道长领路，后面有道友们举路牌，执五色丝绸大旗，还有很多善男信女手持竹片护送，一路前呼后拥。两旁村民，争相观看，热闹非凡，有的老人都跪在地上叩迎叩送。出会队伍缓缓渐行，每到一个宅基，鞭炮不绝于耳。出会队伍要绕遍每个宅基。金钟庙界周围每个宅基，每年也要轮流做社，村民们做社当天上午就到庙里，一般请城隍老爷、施阿太二位神爷到宅基上。届时，每位老爷宝座有四人抬着，一路上拷金锣，小孩拖竹片，也十分热闹、庄重。到宅基上后老老小小先是叩头，接着请道友念经，艺人唱书，下午三时送二位老爷回庙。

到金钟庙去烧回头香，这是涉及每家的要事。家里有人过世后第一件事就是到金钟庙去烧回头香。烧回头香必须是逝者的亲人去烧。届时，有庙里管理人领着烧香人到西厢房“丧船”去烧香叩头，求“老爷”关照。

金钟庙管理人员根据庙董事会商议，每年到各宅基上化缘。一般在每年麦收前，化缘人每家发一张黄色符，并贴在门上，这样为保护你一家年岁平安。到麦收起来后，庙务管理人员到每家每户去收麦子，一般每家送一碗。

据本地老年人回忆，说庙内一座金钟被大风刮入黄浦江内，有下江觅宝者均被江水淹没，无一生还。

新中国成立后，金钟庙的烧香客越来越少，每年的庙会、出会等不再继续，庙内道友渐渐走散，到1957年只剩下一名管理员。1958年，上海电化厂兴建，金钟庙基被征用。从1959年年末开始，大部分庙房由当时的红星大队和红星第一生产队当作畜牧场和药材加工场及其仓库。后因庙房年久失修，长期荒废，于1980年拆除。

邹家寺和寺嘴角

黄浦江第一湾，即黄浦江东流北折处，属于吴泾地区。宋嘉泰年间（1201—1204），这里建有一座“南广福寺”。清《嘉庆松江府志》记载：“里人邹运干舍宅建，俗呼邹家寺。孙德之有记。寺临黄浦，浦自西流至此折而北。”由僧人宗印始住寺。

清咸丰年间（1851—1861），何南浦等募修后殿。光绪年间（1875—1908），何锡昌等募修前殿。民国六年（1917），何毓桂又筹款修葺，有房二十多间，大殿两侧建东西楼，是望江观潮胜地。寺内供金龙四大王，故

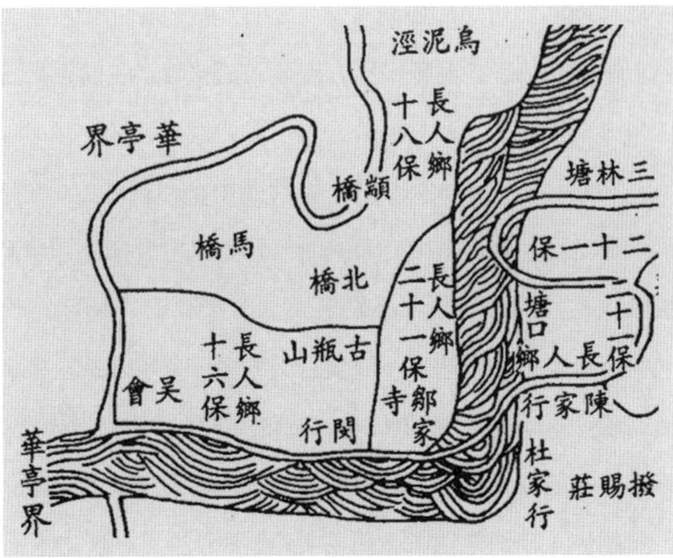

明代邹家寺地图
（资料图片）

又称大王庙。因邹家寺名声遐迩，“邹家寺”曾一度成为整个塘湾地区的地名。自明永乐年初实施“江浦合流”之后，这一带旱涝无忧，因此当地有谚称“三世修来邹家寺，干勿煞来没勿煞”。

因地凸出江心，这里称“邹家寺嘴”，后又称“寺嘴角”。寺嘴角是原上海、奉贤、南汇三县的交界处，地理位置独特却交通闭塞，村民出行极其不便。20世纪30年代中期，为了摆脱黄浦江挡道的困境，当地有主见有谋略的村民王伯泉、陆东阳等14人自发合股创办寺嘴渡。因该处为邹家寺旧址，故外人亦称之“邹家寺渡”。还因浦江对岸是闸港镇，故又称闸港渡。取得闸港船厂老板的支持，打造了1艘长5米，宽2.5米的平底渡船。14位村民每天轮流摇渡，收取每人次过江费3—5个铜钿。

通渡之后，又有村民何林发等几位贤达人士和闸港镇砖木商老板张义仁共同商议，出资建造渡口码头和候渡亭。码头从水面沿滩涂，用长石板铺成长5米、宽0.8米的通道。边长3米的正方形亭子间地砖铺就，三面砖墙。南面两边砖墙中间留空（不设门）；东西墙面各设花格小窗；北面墙上镶嵌功德碑，刻着捐资人姓名和捐款额。三面设长石条座位。屋面为四角方形攒尖顶，四只檐角上翘，形如雀尾，显得轻巧雅逸。

1953年，渡船收归集体，摇渡改由合作社派2人专业负责，收费归集体。那时江上航运繁忙。而帆船航行靠风力或摇橹，遇上大风大潮，船只极易因失控造成碰撞，多发生人员落水和船只倾覆的严重事故。1957年闵行地区港务监督站在寺嘴角渡口设立港务监督站，专事负责管理江湾的航行安全。20世纪80年代初，闸港船厂改制，不再修理木船。渡船无处修理，不能载客营运，不得不停航。

闸港（今浦江镇永新村），因设闸卡住了东流之水而得名。当初，因进出黄浦江的船只泊此候潮，渐有人家落户。清雍正年间，已有居民数十家。光绪三十年（1904），闵行闵南轮船局开辟闵行至县城（今南市）的客运航班，在此停靠设码头后，小镇日趋繁盛，闹市地带曾有店铺三十余家，为浦东地区重要的水陆码头。镇跨闸港河南北两岸，明弘治年以前就建有跨河木桥。清乾隆四十五年（1780）重修，因港阔桥长，号称："浦东第一桥"。咸丰六年（1856）又重修。1930年改建为五孔木桥，气势不凡。1939年3月，侵华日军在此登岸，小镇遭殃。

1949年，国民党军队溃退时，木桥被炸断。1978年开挖大治河时，闸港河、桥、镇均按新的建设规划重新建设。

可惜，邹家寺未能经受住历史风雨，废于20世纪50年代初。今有幸遗存南广福寺八棱石井栏一口，井栏为青石质，八棱柱形，上小下大，栏圈高0.36米，上口内径0.25米，外壁阴刻文字"宋绍定五年（1232）三月十三日题"及项姓佛教信徒为纪念亡妻凿井的缘由。原物现存于临沧路古藤园内。

南广福寺八棱石井栏（资料图片）

如今移存于古藤园内的石井栏（资料图片）

链 接

吴泾江边古庙：

栖云庵

栖云庵，即马氏家庵，明崇祯九年（1636）里人马应麟建。清道光年间废。

斗姆阁

明末，里人王茂忠建草房供佛像。清康熙三年（1664），在王家塘西北角舍宅建阁。乾隆四十年（1775）夏，张惠曾等集资重修。光绪三十年（1904）里人王树声等重修。民国二十六年（1937）改为吴泾小学校舍。

吴冲泾庙

始建于明代，原建在通济桥东。因浦堤屡坏，嘉庆十年（1805）迁建至通济桥北（时有桥联称“北连千年香火朝，南接慈航万渡头”）。庙有房3进，20多间，供奉上海县城隍秦裕伯神像。庭中植银杏一株，粗可盈抱。有庙田4亩。民国四年（1915），丁光弼、何少岩等筹款重修，三进有房20多间。

惠济庵

惠济庵，又称姚家庙，供关帝神像。位于黄浦江斗牛渡口旁。民国十一年（1922）姚如土、姚荣生、姚关林等募资重修。

吴泾沿浦渡口：

何家渡

浦南对白庙港，江面较窄，人称“三篙子十八橹”。明洪武年间里人何梅轩建，因何姓为安徽庐江人，此渡又称庐江津渡。清光绪年间废，宣统年间何忠节公祠复设。上海解放后停渡。

斗牛渡

俗名偷牛渡，浦东对杜行翁家港。渡口旁有姚家庙（惠济庵），故又称姚家渡。建于明代。上海解放后停渡。

吴冲泾渡

浦东对姚家浜。元末明初，当地有王、钱、张诸姓氏族造船募人在吴冲泾口设渡船，专供众人过江，活跃乡间交往。明崇祯二年（1629），里人钱宏仁、钱宏义还建永慈庵供渡江者息脚。渡口的船只维护和正常运行，全靠民间捐助。清咸丰元年（1851）和民国初年两度由乡民捐资，均在斗姆阁立碑纪念。

车沟港渡

六磊塘口，浦东对陈行塘口。明嘉靖三年（1524），上海县知县郑洛书在二十一保设立车沟港至浦东塘口镇的官渡，由手摇木船渡客。从此，这里成了人们越江的重要通道。只可惜当年渡船稀少，被人们落下个“等煞车沟渡”的话柄。但终因有慷慨好义的塘口镇康梓钦（字会龙）捐田二十亩，常年收租，充当渡口船工的收入。又有金良栋、孙茂华、叶梦飞等捐田筹款，备作每年修渡船费用，确保了乡民出行之便。

1945年，中共地下党组织为抗日游击队开通黄浦江秘密交通线，这里为浦西上岸口。1962年1月，上海县交通运输管理局开辟了“塘车轮渡航线”，接替手摇摆渡船。1964年4月1日，上海县政府将塘车线移交上海市轮渡公司统一管理。2003年3月，塘车线改称“陈车线”。2012年6月1日起，使用世博空调客渡船。如今，陈行公路轮渡站位于塘口村陈行公路西端，车沟桥轮渡站位于梅陇镇澄江路11号。

航船埠头

清末，塘泗泾李介桥、车沟渡两地曾设有短途客船，俗称“吴冲泾航船”，为木帆船，开往上海十六铺，但每月逢农历十二、二十六日专往闵行老镇。

客轮码头

民国初，闵南轮船公司客轮和浙江“湖州班”“平湖班”客运轮途经本地，在信大砖瓦厂附近设有班船码头，通达上海十六铺和浙江平湖、湖州。

杜吴线车轮渡

1958年9月30日，上海市轮渡公司开辟杜吴线轮渡航线（浦东杜行至浦西吴泾）。1959年11月，移交上海县交通运输局接管。1964年1月，交还由上海市轮渡公司经营管理。1972年起，兼渡车辆。

南蒋村的慈悲庵

瞿林海

在原老闵行镇往东三四里地的南黄浦江与淡水河的交汇处有个村落——南蒋，即幸福村第四村民小组。出南蒋西口往北顺着一条“官路”步行二三百米，就是慈悲庵所在地。

慈悲庵，据说始建于明朝弘治年间。“慈悲”庵是因为庵里供奉着大慈大悲的观世音菩萨而得名。庵，住持应该为尼姑，然而不知何因，却一直由和尚为住持，因此人们始终为这座是庙还是庵搞得一头雾水。也有人猜测，慈悲庵有些地方光线不足，暗，而方言“暗”与“庵”发音相近，久而久之，原先的慈悲“庙”也就成了人们口中的慈悲“庵”了。

庙也好，庵也罢，一直以来是当年莺湖乡（包括现在的英武、乐道、幸福以及黄一村等）远近闻名的香火之地。20世纪30年代，慈悲庵由于部分殿堂失修曾经冷落过一段时间。大约在1943年与1944年间，当时闵行镇伪镇长王用之集资修缮了慈悲庵。

慈悲庵是一座近似北京“四合院”的建筑。庵坐北向南，由南面正门进入墙门间。墙门间东是锣鼓间，南面是窗，靠东面有一鼓架，鼓架上架着一只直径近一米的大鼓；靠北墙上挂着一面铜锣和一根棒槌。墙门间西除了一道门之外四周没有窗户，即使是白天，里面也是黑乎乎的；靠北墙有几个神龛，里面供着几个木雕鎏金的佛像；正中央的地上竖着四块用竹片拼合成的板子，那叫�板，又称云板，太爷（菩萨）出巡开道时用。走过墙门间，就到了庵的大院，像是天井。东西、南北长宽各在8—9米。地面用青砖铺就。西面是侧殿，里面到处是佛龛，供奉着有大有小数以千计的佛像；东面，既不是殿，也不是堂，而是一垛墙。墙上清一色的白底，靠下面绘着波浪之类的图案；墙中和墙上方绘着观音菩萨云游的情景。据说凡是慈悲庵里的各种画都出自当年住莺湖乡天字号村（即现在颛桥镇黄一村）一个叫蒋进发的民间画工。走过大院就是正殿，殿中央供奉着大慈大悲的观世音菩萨。殿堂靠南面的东西两侧墙上绘着四大金刚，威风凛凛。靠北面的东侧有两张黄杨木交椅，端坐着两位木雕菩萨，均面朝西。南面那位没有胡须，脸面白净，在他的交椅扶手上挂着一枚用黄布包裹的木刻金印，当地人称他为猛太爷或猛阿太、猛将，玉皇大帝称其勇武仁义，又加封为“驱蝗之神”；北面那位长有胡须，脸微红，人称施太爷或施阿太，在他的腰间佩着一把木制的剑。进正殿往东便是耳房，里面漆黑漆黑的，地上停放着几口寿材（即生前准备的棺材），如若进去，煞是阴森可怕。西耳房贯通正殿和南面的侧殿，那里满是佛像，威严极了。

慈悲庵的正南和东面是香客聚集的地方。正南20米处有一条河，名叫庵河头，河成“L”形，后来和西面的淡水河连通。在庵河“河头”的北岸，长有两棵高大挺拔的银杏树，因为时间太久远了，已经没人知道它有多大的“年纪”了。

慈悲庵正殿北面的地上倒置着几口“莲花”大缸，据说是庙里的和尚坐化后安息的地方，这可能就是慈悲庵是庙不是庵的证据。

慈悲庵一直有和尚看护，只是因庙小香客不多，显然开支紧张，所以历来常住的和尚不会多。据《塘湾志》记载，清朝末年，有谢姓的从江苏启东北沙迁来看护慈悲庵，并在此定居。临近解放时，庙里仅有兄弟两个和尚，因为不知道其名，所以人们习惯称大的叫谢和尚，小的叫谢二和。平日里大的负责室内事务，小的负责庙外打扫。

据说慈悲庵自修缮之后香火渐旺。谁家有人病了；谁家不孕；谁家要盖新房挖地基，上栋梁、竣工；谁家儿子要娶亲，女儿要出嫁；谁家老人要做寿，小孩要过满月、过周岁；渔民要出海打渔或打渔时遇上刮风下大雨……就会去庵里烧上几炷香，叩上几个头，问吉凶，讨吉利，请求菩萨保佑事事如意，人人平安，多子多福。

新中国成立后，慈悲庵以及里面的菩萨还在那里，只是香火少了。20世纪六七十年代，南蒋的村民在庵东扩建了几间房屋作为仓库。原来香客聚集的地方成了打谷场。“文化大革命”初期，随着“破四旧”的到来，慈悲庵被毁。2000年开始，慈悲庵旧址及附近的土地被紫竹科技园区征用。2010年，一家崭新的公司——可口可乐饮料公司矗立在了昔日的慈悲庵旧址上，慈悲庵也就成了人们心中的记忆！

胜景遗迹何其多

钟　合

吴泾历史建筑遗迹较多，它们是重要的文化遗产，是跨越时空的历史见证，对吴泾地方人文历史的发掘与保护具有重要的意义与价值。现不能在短篇幅内言尽，摘取部分表述如下：

耕织堂

耕织堂，在六道浜（今吴泾镇英武村）。为明万历年间何应科（字文选，号古直）故居，清乾隆年间，八世孙何委重建。当时，《织布女》《卖布叹》两首诗歌在这里一度广为流传，这里的织布高手李连生每天能织两匹布。20世纪50年代初，吴泾尚有织布机580台，芦纹格子布是这里的特产。

仁寿堂

位于今金红村陈家宅，据传建于清代。仁寿堂系五进建筑，宅第深邃宏伟，自南而北有仪门两个。前仪门正面书“采斋肆夏”，背面书“果行育德”；后仪门正面书“大雅振兴”，背面书“凤鸣其昌”。天井两边墙上绘有配以唐宋诗文的山水风景画，客堂宽敞宏伟，中柱顶端装有叠拱箕斗，看枋的装饰板上雕以对称的花卉鸟兽图案，典雅古朴。“仁寿堂”为

仁寿堂仪门（资料图片）

陈姓大族所有，其裔孙众多，后逐渐于别处另建新居。

剥狗桥

剥狗桥，早先位于“东巷前”（今星火八组西北隅），横跨清华浜，系砖拱小桥。据传，清嘉庆年间，因剥狗一案而建。

相传当时该处清华浜两岸的杨家宅与北奚宅隔河相望，因其间小桥颓废，往来须绕道而行。一日，北奚宅一人绕远路到北岸，经过杨家宅时，被杨家的狗追咬受伤，伤者恼怒将狗打死，并剥去狗皮。杨姓人家得知后，扬言要报杀狗之仇。两姓人家就此成了仇家，此致清华浜两岸纠纷不断，甚至互相斗殴抗衡，结果击伤了杨家宅人。

杨氏族人愤而不平，索性将奚家杀狗者告到上海县衙。县令见这件“剥狗案”实因两岸无桥而彼此缺少沟通所致，断案称：“奚氏无故伤杨家之犬，自当负咎，然杨氏以此而欲加殴于奚氏，错哉！鉴奚、杨两宅，因无桥难沟通而鲜往来，不妨有奚姓聚资建桥焉，以赎前愆，今后就不会再闹出这种事端。”两姓人家都感到县令说得在理。

结果，北奚宅的奚万成慨然出资，在清华浜上新建砖拱小桥。就此，两宅得以沟通而重归和好。因这一缘故，原有那座废桥人称“剥狗桥”，附近村宅被称“剥狗桥头”。1985年因城建拆没。

长港桥

位于英武村与乐道村分界的长港河上，是南官路过长港的唯一通道，也是以前长港以东村民往返闵行老街的必经之桥。长15米许，宽2米左右。此为排柱式三孔桥梁，即桥面3孔各有3块长条石（每块长5米，宽0.6米，厚0.4米）铺就，桥基内侧排柱和中间排柱均以3块长条石（高约三米）组成，无护栏。

据民国《上海县志》记载：“长港桥，杨成龙建。”长港桥的建造，与长港岸边清代储粮有关。此桥结构牢固，宽度大，人、马、官轿可过，便于督察、管理。2003年被列入上海市第一批登记不可移动文物名单。2009年被拆除。

北陆

深宅大院北陆宅，位于紫竹半岛（星乐路东），建于清代初年。据祖辈老人说，是先祖“天正太太”筹建。东西长100米，宽50米，三埭二进深，8大庭心（天井），距正屋6米建后围墙，高3米，厚0.5米。宅院有大小房舍98间，设大、中、小客厅和多个卫生间，东西各设通道和关卡，间间相连，又可互相阻断。为排涝除湿又不易阻塞，连下水道的铺设也颇具特色。东半宅用青色阶沿石，西半宅则用黄色阶沿石。整个砖木结构的大宅院，雕梁画栋，柱柱相连，枋枋相接，梁梁相扣，不失为传统江南民居院落之典范。

天正太太育有2子。按传统习惯，大儿子住东半宅，堂名“存德堂”；小儿子住西半宅，堂名“存伦堂”。

随着城市化建设的大潮中兰香湖的开发，北陆宅，这个有着历史渊源的古村落，也将会在地图上消失。

同仁辅元堂

20世纪30年代中期，上海当局为收捡市区无主尸体埋葬，在寺嘴角一带沿朱家浜两侧，陆续购买农田184亩，委派川沙县花木村人陈钺如负责，开办同仁辅元堂。在朱家浜北岸、黄浦江边上建造一埭瓦房，设“起棺材码头”。租用装运棺材的木船2艘，雇用搬运工和埋葬工各8人。

至20世纪40年代末，辅元堂用作埋尸的土地已用完，故堂主把房子拆卖，开始转到浦南。解放后，辅仁堂土地被收，分给村民耕种。合作化后，铲平土地，尸骨被集中深埋，坟地变成耕田。

彭家花园

彭家花园洋房位于吴泾镇塘湾村三新街78号内，由原塘湾镇

彭家花园 （资料图片）

人彭召棠（1888—1950），建成于民国二十三年（1934）。新中国成立后收归公有，作塘湾乡（区）政府办公场所，至1993年乡政府迁出。2005年至今由塘湾派出所使用，总占地面积约2000平方米。整园面东南，园中花木繁茂，中轴线上建有两幢西式风格的二层建筑。前幢建筑主体为砖木结构（局部为砖混结构），青砖清水外墙，正门前建有以两根圆形立柱支撑的方形露台，青瓦硬山屋面；后幢建筑为砖混结构，外墙红砖上镶拼水泥装饰块，机制青灰板瓦四坡屋面，建造年代应晚于前楼。两楼间挖有小河塘，其上建有作楼间通行的花式护栏小平桥。彭家花园洋房经修缮，面貌一新，为历史风貌保存较好的花园洋房建筑。2009年8月6日，被公布为闵行区文物保护单位。

朱家塘石驳岸

明末清初，有富绅朱万宪在朱家塘沿俞塘河新建宅院，取名“师古堂”。宅院仪门壮观，在东、南侧沿河筑石驳岸，极为坚实，在本地区首屈一指。以至“石驳岸”成为村宅地名。沿俞塘旧河道的驳岸条石，曾是塘湾乡与北桥乡的分界线。

黄家住宅

黄家住宅，位于英武村8组50号，始建于清代晚期。坐北面南，面阔五开间，进深六界，形制规整。青瓦屋面，外形类似歇山顶，屋脊中央

黄家住宅大门（资料图片）

饰有人物故事雕塑。正间厅堂房门框上雕花，正面六扇木门上部均为镂空花格。

2012年6月，黄家住宅被列为闵行区文物保护点。

一部旧志里的乡土风情

钟　合

塘湾乡九十一图里志 （资料图片）

清道光十四年（1834），塘湾人士何文源、王蔼如和张惠曾等共同编纂了《塘湾乡九十一图里志》。这部小志主要收集了本土的概况资料、风土人情以及遗迹胜景。

《塘湾乡九十一图里志》分为上编和下编。编纂者之一何文源（字景韩，号采江）在上编序中说道："甲午春，与张君杞村论里中节孝。有邑志所遗者。恐逐湮没。辑而志之。"寥寥数语，表明了他们编纂"里志"的初衷。而"张君杞村"，即为张惠曾（字纪堂，号杞村），为清道光年间佾生。在"里志"描述中，当时的塘湾"土壤数里，村落连阡。爰居爰处，有干有年。""人不择地，污泥生莲。石纽大禹，东夷少连。"上编内容主要为田赋、河道、庵庙、人物、艺术和节孝；下编则为物俗和杂记。即为乡间风俗、本地传说和掌故，还有相关事件的记录，比如本地的"张氏盗案"等等，林林总总。

这部颇具乡土特色的里志，至今未见其原稿，上海图书馆藏有清末抄本。1962年，上海市文物管理委员会将其重印，成为后人研究地方文史的重要参考资料。

重印本后记中写道：“塘湾乡九十一图，属旧上海县廿一保，方五十二顷左右。地居黄浦江滨，水旱无忧，农劳于耕，女勤于织，村舍连阡，炊烟错落，有俗厚民醇于致。”

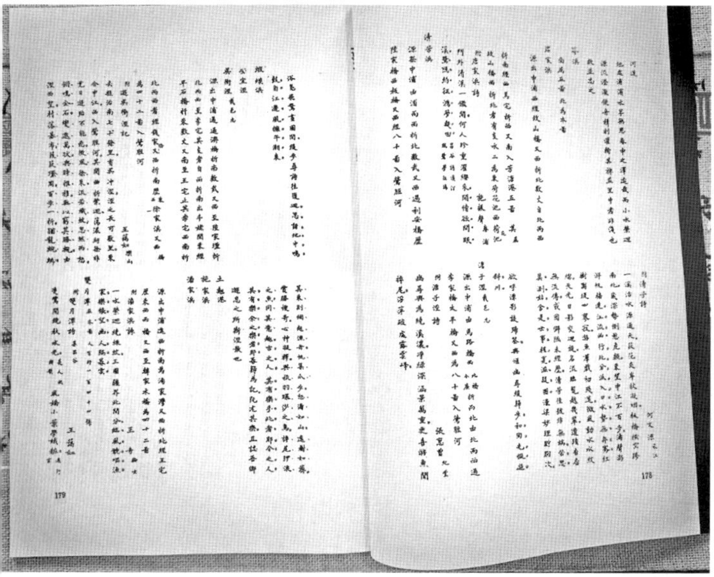
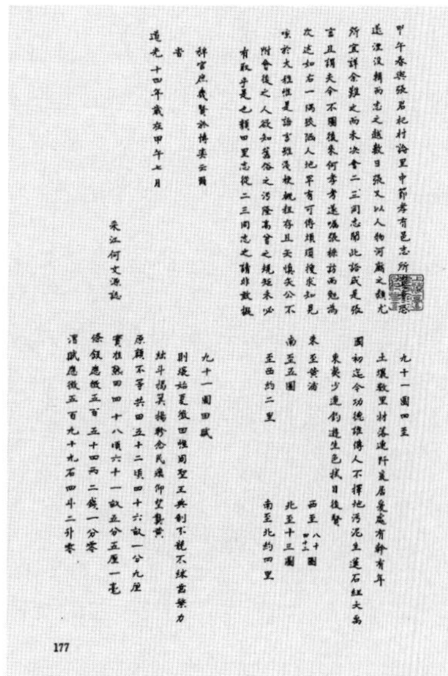

里志内页 （资料图片）

第二篇章　尚义羽觞随流波

乐耕悦读蒋性中

钟　合

蒋性中画像 （资料图片）

吴泾，莺窦湖畔，自古男乐于耕，女勤于织，村舍连阡，炊烟错落，以俗厚民醇著称。人们围湖造田，到十六世纪初湖面收缩成一条长约七公里的河道，称邢窦河，俗称樱桃河。

莺窦湖畔有个蒋家老宅（今吴泾镇幸福村东部）闻名遐迩。当地有众多风物轶闻，均与蒋家老宅最初的主人相关。他就是蒋性中。

少小家境多艰辛

蒋性中（1396—1482），字用和，号检庵，生于明洪武二十九年（1396）。相传，蒋氏祖先为三国时的蜀汉人。蜀汉亡，丞相蒋琬（字公琰）之后人迁入江西，再流徙到江南。据清道光十八年（1838）蒋人涖等纂修的《南汇蒋氏族谱》记载，始迁祖蒋庆，南宋末自江苏宜兴迁居松江黄坟湾，二世祖蒋毅转徙到上海县浦南十六保。明代初，四世祖蒋荣再迁浦北二十一保的罂窦湖。

蒋荣（1365—1421）是蒋性中的父亲。《南汇蒋氏族谱》记载称：“际明兴而兵祸倥偬，不乐仕进。自浦南十六保，徙浦北二十一保，其湖形窦，其县则上海。邢窦广不逾带，而引长流以灌两涯，田肥美，民稠密，公耕而乐之。”蒋氏家人靠辛勤垦荒，种粮致富。然而，明代初期朝廷猛力打压江南豪强富户，蒋家没能幸免。蒋荣未满二十岁，眼见父亲要被流放到河南，只得代替父亲去服役。他历尽艰辛，数度寒暑，终获赦免回家。《南汇蒋氏族谱》录有蒋性中所撰《乞挽启》，说父亲被迫充当粮长，负责运粮到京师（今南京市）正遇皇室争权而战，“时兵兴，路阻，同伴无不股栗，公毅请行，曰：趋役分也，祸福命也，可违分不顺命乎。虽履险，一以恩义得心。”

蒋性中自幼端正恭谨，十分奋发，而家境时兴时衰，父亲多灾多难。明永乐十八年（1420），蒋性中二十四岁考中举人。第二年，他父亲积劳成疾，突然去世，年仅五十七岁。母亲吴氏靠纺纱织布，支撑儿子继续读书应试。

京城为官不忘本

宣德二年（1427）三月，蒋性中三十一岁参加丁未科殿试，获第三甲第十五名。

赴京任职前，朝廷有司按惯例要在莺窦湖畔为蒋性中竖立“表木”（即旗杆），以资表彰。蒋性中却当即阻止，说：“莺窦湖水溢，民方病涉，与其荣我家，无宁以吾乡父老。”于是，乡人就用御赐蒋性中建坊的钱财，在莺窦湖上建造了一座石拱桥，跨度十丈，宽八尺许，取名尚义桥，又名莺窦湖桥，俗称环龙桥，乡人习称蒋公桥。

在京城，蒋性中出任兵科给事中（辅助皇帝处理军机奏章，参与军事监察的职官），清廉耿介，曾如实上疏，弹劾专权的太监王振（字美旭）。他善于管理，曾清理出节阉寺锦衣卫中坐吃闲饭的人员，转为养马的骁勇。晚清上海乡绅秦荣光《上海县竹枝词》赞颂：“一代畸人蒋检庵，弹珰疏上罪拚担。节阉寺养兵骁勇，侃侃谁将国计谈。”

蒋性中为官十分低调。相传，一天他外出办完事，乘船还城时，恰逢落潮，船难以前行，便由二个仆人上岸拉纤，自己头戴斗笠坐在船尾以橹代舵。他毕竟不是船夫，尽管手脚忙乱，船还是摇摆不定。其他船上的人见到他狼狈不堪模样，百般嘲笑羞辱。二个仆人不由厉声喝道：“撑船的是给事中蒋大人，你们休得蛮横无理！”蒋性中却大声笑道：“他们怎么会被你哄骗呢？这里没有蒋大人！”

正统七年（1442），蒋性中将母亲吴氏接到京城来养老，特意将官邸精心布置了一番。可是，吴氏却随身带来了纺车和织布机，说：“吾昔壮时勤于纺织，助汝父以兴其家。汝父弃遗，而汝孑立无厚资。吾纺织愈勤，朝而丝缕，暮而布帛。凡家用悉赖焉。今幸汝读书成立，而吾已七十八矣，不复能有为。汝宜记吾勤苦，以劝示子孙，吾志足矣。”蒋性中便将官邸厅堂改名为“勤织之堂”。为此，皇帝亲赐“勤织勤耕”匾额。好友纷纷赋诗赞美，其中刘溥《勤织堂为云间蒋黄门用和赋》云：“三代去已远，女职火复闲。汲汲鲁敬姜，谆谆有遗言。贤哉舍骄习，供事不少难。惟此闺中勤，衣裳乃其端。晨兴月在户，宵作霜露寒，寒蛩烈烈啡，络纬吟灯前。虚檐应伊轧，既断还复连。寻尺累至文，乃复一匹宽。四体固云劳，中怀郁以烦。千载孟母心，于此实相关。令子今登庸，赫赫黄门官。筑堂表慈训，昕夕愉其颜。昆山何岧峣，泖水增波澜。报封有恤典，拭目当盛观。”

正统十二年（1447），蒋性中母亲去世，享年八十三岁。

景泰二年（1451）一月，蒋性中升任江西省右参议。他提出减免税赋应当均及一方，不能私一邑，得到时人积极响应。

蒋性中为官四十年，年过七旬还在任上。成化四年（1468），他因病告归。四次上书，才获准回乡。

告老返乡乐耕公

蒋性中的私邸，乡人称蒋家老宅。他告老返乡时，带回“勤织勤耕”匾额，保持着简朴和慈善的生活习惯，建“乐耕堂”自住。因此，人们称他为“乐耕公”。《上海县竹枝词》赞颂称：“堂开勤织举慈亲，富贵难忘昔苦辛。”“乐耕勤织堂题榜，恪守家风百世宜。”闵行诗人黄家锟《勤织堂》赞云：“机杼真教孟母同，相夫翼子溯闺中。数团经纬棉纱白，半夜勤劳篝火红。名显诗书光奕奕，家承祖父日隆隆。莺湖遗苑千秋在，要示儿孙克俭风。”

一天，上海县知县赶来拜访蒋性中，见蒋府大门紧闭，忙差人寻找。转眼，从田头匆匆赶来一位穿蓑戴笠的老者，他开门入内后随手又将门关紧了。知县不由发呆，待大门重开，主人束带整齐，笑脸出迎，他方才大悟，刚才那蓑笠者即是蒋老。见蒋性中如此简朴乐耕，知县不禁肃然起敬。

又一日，江苏巡抚周忱（1380—1453，字恂如）前来拜访，蒋性中设宴招待，可席间只摆出两道主菜。周忱一尝，只觉风味独特，忙问菜名。蒋老笑答：“金花菜与鹦哥嘴也。”巡抚为此兴致勃勃，边吃边聊，竟长谈而忘归。后来，周忱派人向蒋府仆人咨询，方知那只是用当地普普通通的盘歧头与蟛蜞螯烧成的菜。

蒋性中与乡民情同手足，不论其富贫贵贱，均以乡情为重。他邀集当地八位高年有行谊者，每逢月初来家中作画赋诗，共饮同欢，人称“莺湖九老会”。据记载，其中郭竹深七十七岁、何守愚六十九岁、王惟静七十八岁、唐古庵七十一岁、陆耕云七十四岁、沈孟温七十岁、李安耕七十二岁、郭悦桂六十八岁。历代文人赋诗赞颂之，后人一再仿效，以致莺窦湖畔的敬老风俗流传至今。

蒋氏后裔乡土守

成化十八年（1482），蒋性中逝世，享年八十七岁。相传，他生有六个儿子、二十四个孙子、十四个曾孙、五个玄孙。晚年五代同堂，全家有百余人。蒋公后人在老宅东南建造了蒋氏宗祠，后几番遭遇倭患兵灾被毁。清乾隆六年（1741）重建，二十年（1755）添建门厅和厢房十一间。道光二十三年（1843）又建后院。

蒋氏家族枝繁叶茂，子孙们纷纷分户迁居，形成花园里等新宅，而蒋性中建造的宅院被称作蒋家老宅。有一支蒋公后裔迁居到今友爱村西南部，因其子弟出挑为官，宅前竖有两根旗杆，所以乡人称之为“蒋家旗杆”。有的迁居南木桥、天字号、旗杆头等地，以致在塘湾、北桥等地区蒋氏后裔众多，繁衍至今。

蒋公后裔大多安逸于田园生活，一心守望乡土，极少有人外出投奔仕途。

明正统年间，蒋性中的叔父蒋茂，字茂斋，由岁贡生出任湖北省蒲圻（今赤壁市）县丞，百姓深感其惠。调任蕲水（今湖北浠水）县令，因病逝于任上。其子蒋麟欲送父归葬故乡，蒲圻百姓恳求挽留：“使君生时乐此。”于是，蒋麟将父亲安葬在蒲圻，并率子孙成了蒲圻人。

成化年间，这里有蒋坚出任沙县知县。

嘉靖年间，蒋继祯出任广东东莞县盐吏大使，蒋传道出任威海卫经历，蒋永澄出任大名府清丰县知县。嘉靖七年（1528）蒋云中举人。

万历年间，莺窦湖东岸出了个蒋柱（字叔承），为上海县学庠生，主编了《蒋氏族谱》。

清乾隆年间，又有京城国子监生员蒋堉（字郢高，别号岂匏），修了一部《蒋氏宗谱》，还撰有《咏莺湖十景》诗，列出“自卑闻磐”“尚义落虹”“双杏垂荫”“重坊旌节”“乐勤遗构”“邢窦故墟”“蒋氏弦诵”“屠墓樵吟”“南浦归帆”“东皋采药”等十项历史遗存，企望家乡重振蒋公风范。

道光、咸丰年间，这里有一个女诗人蒋淑英（1830—1864，字绣余），为蒋性中十三世孙女。她嫁给竹冈黄氏十八世孙黄兆勋（1823—1867，字寅伯，号杏园），居闵行老镇文蔚堂。侍候翁姑极诚敬，家务之余不废文史，诗词婉约，书法娟秀，著有《绣余漫草诗稿》，可惜三十五岁即因病去世。

清晚期，这里的蒋庆和（字静园），性慷爽，有胆识，谈吐风生，好为人排难解纷，凡债务纠葛、土地争执之事，经其劝导都幡然感悔。光绪年间，疏浚横沥时，他与顾言、李祖锡等往返任事，依限竣工。历浚淡水河、千步泾，寒暑奔走，口不言劳。闵行老街跨横沥的启秀桥年久失修，他募集资金，更换洋檀木，并护以铁栏，行人称便。光绪三十二年（1907），创办蒋家祠堂塾，1918年改为莺湖小学堂，为塘湾地区最早建立的新式学堂，现今闵行交大校区正南欧式建筑校门（凯旋门）便是当年莺湖小学其所在地。民国五年（1916）蒋庆和去世，享年78岁。

法学大家钱端升

马逸亮

钱端升在美国留学期间留影（资料图片）

钱端升，我国著名的政治学家、法学家，参与了新中国第一部宪法的起草，中国政法大学前身北京政法学院的首任院长。以他的名字命名的钱端升法学研究成果奖，是目前法学研究领域最有影响力的奖项之一。其著作《中国的政府与政治》迄今仍被美国多所大学列为研究近现代中国参考书目之一，足见他在政治学界的地位。

立志报国　雏凤初啼

钱端升（1900—1990），字寿朋，笔名德谟，1900年2月25日出生在上海县塘湾钱家塘的一个中医世家。他自幼勤奋好学，颇具才气，五岁开始入读私塾读书识字，学习中国传统的经典书籍，八岁前可以勉强背诵四书、《史鉴节要》《诗经》《左传》《唐诗三百首》的部分篇章。当时科举制已经废除，他还同时学习数学、英文、史地等科目，这些新鲜科目让他耳目一新，进步很大。

中国政法大学内的钱端升塑像（资料图片）

1910年钱端升到上海城内就读，小学毕业后1913年春考进松江省立三中。为了报考清华学校，1916年转到上海私立南洋中学。1917年夏，钱端升从上海私立南洋中学考入名声卓著的清华留美预科学校，插班就读于高等科三年级，上午上西学课程，用英语讲解，下午上国文各课。1919年获官费赴美留学，进入北达科他州立大学攻读政治学，翌年夏获文学学士学位。暑期先入美国密歇根大学暑期班，旋入哈佛大学研究生院，于1922年6月获哈佛大学文学硕士学位，1924年得哈佛大学哲学博士学位。钱端升在短短四年之内即获得了学士、硕士、博士学位，他的好友陈翰笙赞叹:“当时在美国的留学生很多，二十四岁便在著名大学获得PH.D最高学位，这是不多见的。”

1924年夏，他以《议会委员会——比较政府研究》（Chien, Thomson S., Parliamentary Committees: A study of Comparative Government）的论文获得博士学位，这时他已经离开美国了。为了写作这篇论文，钱

端升奔赴华盛顿，到国会图书馆查阅资料，并参观参众两院，向各委员会主席了解工作情况。这篇论文以英国、美国、法国、德国的议会为研究对象，采用比较方法和历史方法，研究因应时代需要出现的议会内部的各种委员会。该论文以法律的与制度的视角研究政治，这与他其后学术生涯中的注重描述性分析和公共行政研究的视角不同。

当时的波士顿，群贤云集，学人来往去留，在此度过知识积累的宝贵年华。钱端升在波士顿期间，赵元任、李济、叶企孙、袁同礼、萧蘧、浦薛凤、沈乃正、李榦、刘驭万、朱世明、甘介侯、沈宗濂、谢冰心、顾毓琇、施嘉炀等这些在中国近代史的天空上或重或淡都要勾勒上一笔的群星们，也在此地求学或驻足。“天涯万里，寂寞枯干”，祖国依稀，家山入梦，在美的同学“提到清华二字，都有一种说不出来的感情”，于是清华同学在波士顿举行聚会，组织筹备委员会，钱端升曾担任这个委员会的会计。在哈佛读书时，赵元任在哈佛任教，中国学生常常去赵家聚会，钱端升就是其中之一。

毕业后，钱端升拿着罗威尔校长（Lawrence Lowell，1909—1933年掌校哈佛）的介绍函，漫游欧洲各国半年有余；他拜会各大学的教授、访问各国议会议员、参观一些大图书馆。青少年时期的求学生涯为钱端升日后的人生奠定了坚实的基础，学生时代他就信奉“欲救今日之纷扰，在根本之教育”，“学术救国”思想已初见端倪。

早年的教育背景使钱端升在之后的职业生涯中，教学育人、著书立说之余，对现实政治保持高度的关注，毕生都在寻求实现中国传统知识分子济世报国的政治理想。

游历欧美　终返祖国

钱端升尚在欧洲游历“习比较政府学”之际，清华因有改办大学之意向，校长曹云祥开始淘汰教员，罗致良善师资，酝酿“拟请钱端升先生来校教授历史，或文化”。1924年5月，受到清华邀请的钱端升结束了五年的游学生涯，回到中国。9月，他被清华学校正式聘为教员，教授历史。当时的清华尚未改制为大学，正处在一个新旧交替的时期。在旧制的留美预备部，钱端升讲授世界史、比较政治课程。

从1925年开始，清华学校在旧制部高等科外设立大学部和研究院国学门，其后钱端升开始在大学部授课。他积极献言献策，革新校政。他提议清华设立教授会和评议会，实行“教授治校”。在钱端升的催促下，校长曹云祥成立“清华学校改组委员会”，曹云祥任主席，以梅贻琦、戴超、陈达、钱端升、孟宪承、吴宓为委员，制定了“清华学校组织大纲”草案，修正后经教职员会议通过施行。这个大纲设立了评议会和教授会，对于清华以后的发展意义重大。

1927年，钱端升在北京大学兼课，讲授政治系和法律系的宪法课。后来钱端升到中央大学法学院，就任政治学系副教授。1929年，因为中大的派系之争，学生罢课，钱端升被迫辞职。失去了教职，为图糊口，他只好翻译屈勒味林的《英国史》。1930年钱端升继续任教清华，并在北大兼课。学生和同事评价钱端升“教风严谨，为学生所敬佩，上课从不迟到早退，课堂讲课，内容丰富，条理清楚。他对学生要求严格，除讲课之外，开列参考书目，要求学生课外阅读”。

钱端升起伏跌宕却忠诚不渝，历经沧桑仍成就卓著（资料图片）

这一时期是清华大学政治学系发展的黄金时期，教授皆为一时之选，有治政治思想史的张奚若、浦薛凤、萧公权，还有治中国政府和政治的钱端升、王化成、陈之迈，他们大多数为美国留学生。钱端升也秉持美国政治学发展道路，主要研究政治学中的行政学分支。

1936年秋，钱端升在中大主持建立行政研究室，采取分工合作共同研究的方式从事中国行政研究，旨在“现在从事研究中国的一般政治制度，将来更将对于各实际的行政问题，分别为精深的研讨；冀于中国行政之改良，能有所贡献，而于大学之行政学教材亦可有所补充”。期望“在三四年内，能将民国各种行政问题，择其较重要，较易知，较与前代无关连者，一一加以研究。如能有成，然后再研究较艰难而与前代较多关连之诸问题。行有余力，则更及较不重要之问题。”显然，这个计划为战争的爆发所毁，努力的仅有成果是几年后出版的论述民国政制发展变化的《民国政制史》，这部合作的著作“只客观地叙述变迁经过，分析法制要点，而不参以赞否之意见”，“旨在欲有裨于中国政制与行政问题之研究，而不在提供任何方案也”。

1937年夏，钱端升返回北平任教北京大学，一周后卢沟桥事变爆发。他和胡适、张忠绂三人赴美宣传，实行国民外交。1938年，钱端升返回中国，经过香港时，他拜见了停留香港的蔡元培。时任北大校长蒋梦麟在港和钱端升晤面，邀请他回北大任教，接替周炳琳的法学院院长职位，钱端升答应了。此时，北大已经与清华、南开合组为西南联合大学，迁到云南昆明，钱端升旋即到西南联大任教，出任北京大学法学院院长兼政治学系主任，直至抗战结束。在联大，钱端升讲授“近代政治制度”“国际关系”“宪法”“中国政府”“极权政府”“战后问题”的课程。钱端升学识渊博，上课时授课材料很多，参考书一大堆，“期考的时候，要同学把参考书全抱到教室，随意翻阅。但如果平常不熟读，笔下不快，你也休想及格”。

他在1942年5月间协助王世杰增订《比较宪法》，撰写增订部分的初稿。

1948年3月27日，身在国外的钱端升当选为第一届中央研究院院士，这届院士共81人，数理组28人，生物组25人，人文组28人。钱端升以“研究比较政治制度及现代中国政治制度”的政治学专长当选，为政治学三位院士之一。这是对他学术的一个肯定。9月21日，钱端升到了加州，见到赵元任，并到赵家小住。吴有训当时也住在赵家，赵元任劝他们留下，他们还是决定回国。10月21日，钱端升和吴有训回国，赵元任开车将他们送到码头，依依惜别。

学界曾有人对钱端升1948年放弃美国大学的优厚待遇毅然回国的做法不解，但新中国成立前后，大批学有所成的海外学子纷纷归国，则是一个历史景象，非仅钱端升作如此选择，正如有学者针对这一景象所言，“他们这一代知识分子自然把追求国家富强当作自己的理想，把建设科学理性当作自己的目标，而把民族的整体崛起看作个人幸福的基础，这是一代人的感情倾向。”（葛兆光序何兆武《上学记》），这应当是一个中肯的评

1949年，北京大学政治系部分教授与助教合影。左起分别为王铁崖、龚祥瑞、钱端升、许德珩、吴之椿、楼邦彦，中蹲坐者为赵宝煦（资料图片）

说。纵观钱端升一生，在国家民族的政治变幻的各个关节点上的态度和作为，我们更可以看出他作为一个有理想、有目标、敢担当的一代知识分子的浓烈的责任意识和家国情怀。

钱端升不但毕生从事政治学、法学研究，并以学人身份积极介入政治、介入社会，在一系列重大问题上提出自己的看法。当时，帝国主义在华横行无忌，租界尤为罪恶的渊薮，钱端升对此痛心疾首，遂在《现代评论》杂志连续发表论述，强烈要求废除“领事裁判权”，归还租界。1925年，他就租界的领事裁判权进行了一系列国际公法研究，认为租界领事裁判权与相关国际法规则有着严重冲突。他还在《治外法权问题》等文章中提出，废除领事裁判权可取“先礼后兵”的办法，并充分论述了废除领事裁判权的法律依据和正当基础。

一生坎坷　成就传奇

在迎接解放到来的过程中，钱端升做了不少工作。他拒绝了国民党邀其南下的安排，积极与中共地下党取得联系，并保护革命学生，做教职员工的工作，维护接管学校，“对北平解放后稳定北京大学的正常秩序作出了贡献。”

1952年年底，钱端升奉命筹组北京政法学院并担任首任院长。其后，他同周鲠生一道以立法顾问的身份参与起草了1954版《中华人民共和国宪法》，先期形成了《中华人民共和国宪法草案（初稿）》，作为中共中央的建议稿向宪法起草委员会提出。这个草案作为宪法起草委员会和第一届全国人民代表大会第一次会议讨论的基础，确立了1954年宪法典的基本框架与体系。事务性的工作占据了他工作的重心，影响了身体健康，夜晚要是写东西常常要靠咖啡提神，到该睡觉的时候又要吃安眠药才能入睡。

中央人民政府任命通知書　府字第　號
茲經中央人民政府委員會第二十一次會議通過任命錢端升爲北京政法學院院長
特此通知
主席
一九五三年　月　四日
中華人民共和國中央人民政府之印

1953年毛泽东批示钱端升担任北京政法学院院长的委任状（资料图片）

1957年，钱端升被错划为“右派”，免去了一切行政职务。“文革”

开始后，钱端升的留美经历和他与费正清的通信都成为他的“罪证”。尽管在1973年前后，因周恩来的关心而暂时出任外交部顾问，并在外交部国际关系研究所上班，但是在“文革”期间，他基本处于挨批受斗的“噤声”状态。直至“文革”结束，才得以平反。

1978年，党的十一届三中全会之后，钱端升的学术活动和社会活动又多起来，他担任了中国政治学会名誉会长、中国法学会副会长、全国人大常委会委员、第六届全国人民代表大会法律委员会副主任委员、《中国大百科全书·政治学》编委会顾问、民盟参议委员会常务委员、中华全国总工会法律顾问委员会副主任、欧美同学会名誉会长。然而此时的钱端升，垂垂老矣，已经过了人文社会科学学者学术产出的最好年岁，他感慨自己“已属耄耋之年，虽又受聘于北大、外交学院、南开大学，但终因体衰多病，力不从心，许多研究计划自难实现，每念及此，总有不胜惋惜之感”。钱端升老病相缠，夫妇两人身体状况都不太好，他患有肺炎、心脏病、结肠癌，肠道动过大手术，视力大衰退，1977起连续三年多次入院，每次短则三月长则半年，想要做些事情颇有些有心无力。

钱端升对党始终怀有很深厚的感情，一直积极努力地向党靠拢。此前他分别于1956、1965、1980年三度提交入党申请书，但因种种原因未能得愿。1981年7月1日，在建党60周年之际，钱端升第四次向党组织提交入党志愿书，表达他热切入党的愿望，在他看来，现在“全党和全国人民正同心同德，为把我国建设成为现代化、高度民主、高度文明的社会主义强国而努力奋斗。我虽年岁较大，但还有一些思维和工作能力，愿为党的宏伟事业贡献我的全力。特申请入党，以偿夙愿”。同时表示“可能我尚未具备党员的标准，在此情况下，拟请不断予我以政治上的关怀，督促我为满足入党的各项条件而努力奋斗。也可能我被认为可以入党，如果如此，我仍必须不断学习改造，不断进步，以期能为党和人民做点有益之事而努力以赴。如果仍如年前所指示的那样，我留在党外较为相宜，我也愿衷心接受这一指示。”在陈翰笙、张瑞祥的介绍下，组织上终于批准了钱端升的入党要求。以81岁高龄加入中国共产党，不仅了却了钱端升平生的夙愿，更成为一段佳话。

1986年2月24日，北京大学、中国政法大学等八家单位发起钱端升教授执教六十周年庆祝会在北京全国政协礼堂举行，钱端升夫妇出席，包括钱端升的老朋友在内的教育界、法学界、外交界300多人也到场祝贺，盛况空前。

1988年深秋，钱端升因病住进北京医院，1990年因心脏衰竭去世，安葬在万安公墓。钱老曾亲手筹建并担任首任院长的北京政法学院，此时已更名为中国政法大学，该校的全体教职工及校友深切缅怀老院长，送上挽联“执教六十载，著作等身，诲人不倦，倾心育英才，师情似海，五洲桃李永怀钱翁；参政大半生，风雨同舟，肝胆相照，一切为人民，望重如山，四海法曹同悼端公。”这副对联是钱端升起伏跌宕却忠诚不渝，历经沧桑仍成就卓著的真实写照。

莺窦湖畔的隐士

钟　合

莺窦湖畔（今樱桃河），风光秀丽，景色如画，不仅孕育了勤耕善织的淳朴民风，也吸引了不少贤人名士隐居于此，为此地留下无数动人诗篇。

樱桃河现状 （资料图片）

宋子正：一曲永流传

歌手周笔畅在中央电视台《经典咏流传》舞台上演唱过一曲《山坡羊·道情》，深情歌颂古代文人志向高洁、不慕名利的高尚气节。这首词正是文人宋子正（号方壶）在吴泾莺窦湖畔写的。

元至正（1341—1368）初，宋子正客居浙江钱塘（今杭州市），来往于湖山之间。他因海内兵变，举家迁居到上海县莺窦湖。据明人贝琼（1314—1379，初名阙，字廷琚，号清江，元末明初诗人）《莺湖方壶记》记载，宋子正迁居樱桃河之后，在河畔建造了几间别室，用于休憩和会客。贝琼形容他的别室“昼夜长明，如洞天状。有石焉，崭然而献秀；有木焉，郁然而交荫。”如同身处蓬莱三岛之方壶仙境，因此即以“方壶”二字命名自己的别室。宋子正的方壶别室位于樱桃河的要冲，四周皆是“甲第连云”的豪门宅邸、“膏腴接壤”的肥田沃土，其人身居其中，“或觞或奕”，尽收浦江北岸的胜景，独享田野隐居的闲趣。他的《水仙子·隐者》描绘了当时的情景和心境：

“青山绿水好从容，将富贵荣华过梦中。寻着个安乐窝胜神仙洞，繁华景不同，忒快活别是个家风。

饮数杯酒对千竿竹，烹七碗茶靠半亩松，都强如相府王宫。青山绿水幕云边，堪画堪描若辋川。闲歌闲酒闲诗卷，山林中且过遣，粗衣淡饭随缘。谁待望彭祖千年寿，也不恋邓通数贯钱，身外事赖了苍天。”

今幸存宋子正所作小令十三首，套曲五套。他的作品倾吐了对元代社会的不满，对官场的鄙弃，对奸党的恨恶，对下层百姓的同情，如这首《山坡羊·道情》，就表达了作者“贫，气不改；达，志不改”的志向。明代朱权《太和正音谱》评曰：“其词势非笔舌可能拟，真词林之英杰也。”将其列于“词林英杰”一百五十人之中。

卫氏：家族创作史

清嘉庆《松江府志》卷七十八记载：“方壶，郡人卫德辰便坐。”便坐，即别室、厢房。有历史记载，卫氏家族先后在宋、元、明代都有他们的族人居住在莺窦湖畔。在居住期间创作了许多著名的诗文。《四库全书总目提要》中对卫氏家族有专门介绍：

“华亭卫氏，自礼部侍郎肤敏后，资政殿学士泾、直宝漠阁湜，兄弟相继，以学术著。宗武世系虽无考，而张之翰序称乔木世臣后，则当为泾、湜之裔。文采风流，不失故家遗范，有自来矣。”《四库全书总目提要》中还尤其对卫氏家族的代表人物卫宗武创作的《秋声集》诗文大加赞赏。称其诗文“大都气韵冲淡，有萧然自得之趣”，其人“眷怀故国，匿迹穷居，其志节深有足取”。

卫宗武（？—1289），字淇父、洪父，自号九山。卫宗武《秋声集》诗卷有多少诗文，历史资料中有不同记载，有的记载诗为311首、词为11首、文为36篇；有的记载有诗、词、文共404首（篇）或415首（篇）。现查阅到的中国书店出版的《钦定四库全书·秋声集》，共有诗、词、文343首（篇）。《秋声集》诗词体裁为“五言古诗”“七言古诗”“五言律诗”“五言绝句”。卫宗武是当时江西诗派诗人。卫宗武的诗词倡导“尚古宗唐”，但“盛唐诗风且模古而不泥古”。

卫氏家族有诗词创作传统。卫宗武的前辈卫泾，字清叔，南宋淳熙十一年（1184），状元及第，之后又担任过镇东军佥判、秘书省正字、中书舍人、吏部尚书、御史中丞、参知政事等职。在任潭州知事之时与朱熹交好。在朱熹去世后，曾刊刻朱熹《四书注》，著有《后乐集》五十卷。

卫湜，字正叔，卫泾之弟。好古博学。在开禧、嘉定年间（1205—1224），集《礼记》诸家传注，为一百六十卷，名《礼记集说》，用时二十余载，学者称其为栎斋先生。

卫谦（生卒不详），卫宗武之子，字有山、山甫，号山斋尚书。风神都雅，进止可观。著有《读易管见》三十卷。

后代卫德辰（生卒不详），字立中，是元延祐年间著名散曲作家。他擅交际、长音律、又工书法。他学唐代欧阳询，有小楷《化度寺邕禅师舍利塔铭》而闻名。明代朱权《太和正音谱》列其于“词林英杰”一百五十人之中。其兄长卫德嘉（？—1354），字立礼。闭门读书，辟举皆不就，妻亡不再娶，独居近三十年。著有《清平乐·题碧梧苍石图》等名篇传世。

链 接

宋子正散曲：

山坡羊·道情

布袍粗袜，山间林下，功名二字皆勾罢。醉联麻，醒烹茶，竹风松月浑无价，绿绮纹楸时聚话。官，谁问他；民，谁问他！

青山相待，白云相爱，梦不到紫罗袍共黄金带。一茅斋，野花开，管甚谁家兴废谁成败？陋巷箪瓢亦乐哉！贫，气不改；达，志不改。

梧叶儿·怀古

黄州地，赤壁矶，衰草接天涯。周公瑾，曹孟德，果何为？都打入渔樵话里。

清江引·分韵为崔月英

东山涌起玉兔穴，宇宙光相射。二八风流人，三五团圆夜，广寒宫第一枝折去也。

清江引·托咏

剔秃圞一轮天外月，拜了低低说：是必常团圆，休着些儿缺，愿天下有情底都似你者！

卫宗武诗词：

和野渡咏梅

傍宅林园巧，亭垂剪剪茅。
雪香藏冷艳，月影浸疏梢。
桃李陪台等，松先道义交。
巡檐频索笑，应不厌推敲。

野 步

清景浩无际，天光接水光。

晴云侵别屿，远溆落残阳。

岩菊幽含馥，岸花娇衔妆。

田家竞秋报，社鼓乐村坊。

卫德辰散曲：

清平乐·题碧梧苍石图

紫箫音断。睡起乌纱岸。梦峡飞云空汗漫。又负一番秋雁。捻沙尚拟圆成。风流不减耆卿。怕听苍梧夜雨，等闲写入无声。

殿前欢·碧云深

碧云深，碧云深处路难寻。数椽茅屋和云赁，云在松阴。挂云和八尺琴瑟，卧苔石将云根枕，折梅蕊把云梢沁。云心无我，云我无心。

宋室南渡　何氏迁居

钟　合

吴泾的何氏家族原籍为大梁（今河南开封市）人，南宋时，何中立（字秦国）跟随宋室南渡，卜居松江，最终在上海县“莺窦湖之左”定居。

明洪武年间，十二世孙何逵（号梅轩）和何刚，在莺窦湖东建何氏宗祠，并在黄浦江边（今姚港河口）义设摆渡口，人称何家渡。其后代何梅轩生子何柳庄。何柳庄生有五子：何璧、何瑞、何佩、何璜、何谭就。

何谭就（1435—1513），字仲玉，号西野。自幼习《诗经》，补县学庠生，可惜八次赴试场皆不第，乃应贡于有司。明洪志十年（1497），授承德郎（正六品），出任江西饶州府通判。一年后，巡抚林中丞公旌将贤能，预其列镇守。弘治十八年（1505）冬，谢老归乡。返乡后，教子弄孙，耕读之余，对花歌咏以娱。见族中孤寡窘厄者，分田以耕，月给薪米以供养。一妹归于陆埙，业废殆尽，敬庐不避风雨。他冒雨往视，遂命匠氏葺之。邻舍儿事涉人命，莫可解。公平处之，彼此感甚，酬以白金。他誓不之受偿。见乡邻贫病者，代为请药；死无财者，施衣棺瘗之。

何谭就初娶南梁徐氏，卒；继娶陈氏，亦卒，均出宦族；又娶鲍氏，长子何链（鲁王府引礼舍人，娶朱氏），次子何锷（府阴阳学正术，娶唐氏，卒，继娶沈氏）。女儿六个，分别嫁给宋穗、陈谟、吴僎、李果、王龙、陆覫。孙儿何应祥（太学生）、何应福（庠生）、何应龙、何应凤。孙女六。明正德八年（1513）五月二日，何谭就去世，享年七十八岁。正德十二年（1517）三月九日葬于姚溪之左。

何文瑞（1481—1551），号东湖。高祖父何梅轩。父亲何钦，号南浦，母亲张氏。生于明成化十七年（1481），八岁丧母。补博士弟子员，绰有时誉，以例入太学。明嘉靖年间，任朝廷鸿胪寺（掌管朝会、筵席、祭祀赞相礼仪）序班（掌百官班次）。

其次子何一鹏，太学生。女儿嫁张朝珪。孙三，孙女一。

嘉靖三十年（1551），何文瑞去世，享年七十岁。嘉靖三十一年（1552）十二月墓葬。

明万历年间，族人何应科，字文选，号古直。在六道浜畔建造家宅，称耕织堂。慷慨有胆略，见民苦烦苛，上书官府废除无名之举，因切中事理，当道嘉之。七十八岁无疾而终。

清同治五年（1866），何中立二十五世孙何南浦重建何氏宗祠。清光绪二十八年（1902），何镐京等在长港浜北建何氏分祠，房14间，占地3.3亩，场前植4株银树，末任托管人何德贤。1957年祠堂办扫盲夜校，1959年设英武大队办公室，1962年改作英武民办小学，1987年后拆除。

1965年9月，在莺湖大队五队（今吴泾镇英武村）发现八穴明代墓葬，南北向，呈扇形排列。墓前原排列有石马、石羊等石象生，乡人习称“白坟头”。其中一石马今存莘庄公园。出土《明故江西饶州府通判何西野墓志》石二方，《明故鸿胪序班东湖何文瑞墓志铭》及妻子朱儒人石墓志各一合，以及一批随葬物。

链 接

除1965年莺湖大队五队发现的八座明代墓葬外，在本地另发现多处墓葬和文物。

明代墓葬

20世纪50年代，在塘湾乡发现的明墓中出土了明正德元年（1506）《处士陆溪云夫妇合葬墓志铭》。

1987年3月25日，在吴泾热电厂工地发现明代墓葬群六个穴位，清理出土金发簪、银挖耳、铜针各一只，铜钮二只，由上海博物馆收藏。其他一些头饰，今存闵行区博物馆。

《处士陆溪云夫妇合葬墓志铭》

20世纪50年代，在明墓中出土了明正德元年（1506）《处士陆溪云夫妇葬墓志铭》。

陆溪云（1427—1485），生于明宣德二年（1427），殁于成化二十一年（1485）十二月初一。其妻殁于弘治十八年（1505）八月十二日，终年七十岁。正德元年（1506）正月初二，其子陆铨将父母合葬，请成化年进士、浙江海道副使曹时中（1432—1521，初名节，号定庵、宜晚，华亭人）撰铭。出墓志石二方，曾存塘湾乡新建村蒋根生家，今存行区博物馆。

据墓志铭文记载，陆溪云从小为人真诚，髫辫时无谑言，与诸堂兄弟友善相处。有才不仕，甘为处士，勤俭自持，耕读为乐。知书明理，见有贫乏不能婚葬者，悉为给之，在乡间具有名望。成化十一年（1485）十二月初一，陆溪云去世，终年五十九岁。

高祖父陆仲源，曾祖父陆华。陆溪云生子三女一，皆以耕织持家，乐享小康。

钱形石器“压胜”

2001年11月9日，电力公司在北平村（今属和平村）果园（原油车坊遗址）施工时，在距地表两米处挖出两枚花岗岩钱形石器。

钱形石器直径1.8米，厚0.3米（中间厚边缘薄），整体光滑，正面刻有楷体“日进斗金”四字，中有方孔、内廓，外圈饰有缠枝纹，是当地油车坊碾压黄豆所用的“碾盘”。

此物出土后，有日本商人出四万元人民币收购，但被当地居民当场拒绝。石器已由上海历史博物馆收藏，专家认为此物属巨型“压胜钱”。

东西两个“钱家塘”

张乃清

明末清初，有一户钱姓行医人家从松江来到黄浦江西岸车沟渡口附近购田定居，堂号为“致和堂”，为吴越国太祖武肃王钱镠后裔。致和堂子孙有的行医，有的务农，渐成村落，称北钱家塘。随着人丁日益兴旺，后代在北钱家塘东面再建新宅，分户而居，自称“东阁”，将老宅称为“西阁”。后来，东阁人称“东钱家塘”，西阁人称“西钱家塘”。

这里，地处黄浦江西岸车沟渡之西，黄浦江支流六磊塘之南，时属上海县十八保二七图。虽然地处乡野僻壤，但乡人乐耕勤织，农耕生活颇为安逸。因南面靠近塘湾乡，钱氏族人大多在塘湾镇上置业，故习惯自称是塘湾人。而这里的行政区划，随着时代的发展一再变更。20世纪50年代，这里地属上海县曹行公社永新大队，西钱家塘为第四生产队，东钱家塘为第五生产队。1980年春，改称曹行乡双溪村。1983年11月，东钱家塘地块划归吴泾工业区，村民持城镇户口。1992年，上海县与闵行区合并为新的行政区。2000年，曹行镇与梅陇镇合并新的梅陇镇。因此，这里今属梅陇镇双溪村。

钱氏家族在此安居乐业，繁衍子孙。清乾隆年间，族中有钱禹珍脱颖而出，为国学生，未走仕途而热衷从医，而且三代相传，均以妇科知名。由此，钱氏成为本地望族。

钱氏家族成员众多，人才辈出，尽管这里的区划多变，但他们不论分流到哪里，都牢记祖辈恩情，认定自己是塘湾人。

钱家原本是名医世家

塘湾钱氏家族中，名声最大的是钱端升，著名的法学家、政治学家、社会活动家，堪称中国现代政治学奠基人，曾参与新中国第一部宪法的起草（详见《法学大家钱端升》一文）。而除了他之外，钱氏家族也出了不少名人。

钱家塘钱氏祖上世代从医，均以妇科知名。

民国《上海县续志》记载：钱若金，号静斋，庠生，塘湾人。世业医，乾、嘉间国学生，禹珍、苍璧、山三世相继以妇人科知名，投剂立验。若金，鹤山犹子也。得其传，尝言：良医比良相。业此以活人也。计较酬资厚薄，隘矣，性好善，贫病助以药资。道光时，举办本乡恒裕堂，施棺掩埋，殚竭心力，并周给亲族之无力者。

钱若金（1805—1875）的曾祖父钱鸿岩，英年早逝。祖父钱苍璧和伯父钱鹤山均为名医，十分关照钱若金，苦心培养他也成了名医。道光年间，钱若金在塘湾镇上开办恒裕堂药肆。一向好善，每年农历十月间，均会出资为本地无主浮厝、草包棺材施穴土埋，棺柩完好者发给石灰三百斤，腐朽者发木匣一具，石灰二百斤，尸骨鬖发石灰七十斤。

同治五年（1866），已六十岁出头的钱若金仍参加岁试，终于成为举人。光绪元年（1875）逝世，终年七十岁。其长子钱长喆，字粹卿，诸生，学问渊博，可惜英年早逝。次子钱维翰，即钱端升的祖父。

钱维翰（1845—1891），字亮卿。同治七年（1868），参加岁试考入上海县学，与马桥荷巷桥顾言（1844—1914，字丹泉，后为吴会书院创办人）、闵行镇李邦黻（1847—1912，字梯云，嘉庆元年进士李林松的孙子，后为饱学之士）为同学，交情笃深。而他笃信祖训“良医比良相”，一心继承家学，结果也成为本地妇科名医，著有《药性辨论》一书。光绪十六年（1890）农历十二月初七，钱维翰得暴病在家逝世，年仅四十五岁。

祖母金氏（1852—1892），生钱桐、钱枚（枏）、钱楠（1882—1928）三兄弟，分居东、西钱家塘。自幼传授医道，唯有钱端升的父亲钱枚继承家学。

钱枚（1876—1917），钱维翰次子。娶曹氏（1876—1927），家迁东钱家塘，生一子即钱端升、一女。钱枚四十一岁去世，钱端升的妹妹小其十六岁，是遗腹子，因此钱端升非常关心小妹，把她带到了西南联大上学。

充满传奇色彩的钱桐

在钱家众多子孙中，钱桐无疑是个充满传奇色彩的人物。他是钱端升的伯父。

钱桐（1873—1938），字孟材、孟禅，钱维翰长子。自幼长得结实，生性好动，时常会生出一些奇奇怪怪的梦想，总想走出钱家塘，去看看外面世界的模样。少年时，他每个月会跟随族中兄长步行数十里路，赶到位于马桥镇的吴会书院会课。稍长，赶到上海城里入学。后来，考进上海龙门书院，成了一名秀才。长到十六岁，家中突遭重大变故。父亲得暴病而亡，母亲卧床数月难起，不及一年匆匆离世，全家度日如年。

钱桐抱怨枉为生于名医世家，竟无人能治愈父母病痛，看来唯有健体强身，才能享受天伦，有所作为。由此，不由产生尚武的念头。光绪十二年（1896），他远赴湖北武昌，考入湖广总督张之洞创办的武昌自强学堂（武汉大学前身），学习外语。光绪二十八年（1902），应内蒙古喀喇沁亲王贡桑诺尔布（字乐亭，号夔盦）邀请，任崇正学堂及赤峰各文武学校总教习。次年，自费赴日本留学，贡桑诺尔布特撰一首《浪淘沙·送钱孟材行》，曰：“明日送君行，珍重声声，此去迢遥万里程，地北天南虽暂隔，异地同情。世事太纵横，一语丁宁，从今时望好音聆，见我良朋劳致意，代达愚诚。”

在日本留学期间，钱桐与华泾的刘季平（刘三）同入东京成城学校骑兵科学习，还积极参加留日学生“拒俄义勇队”，与义勇队发起人之一、马桥的钮永建（字惕生）结为知交。

光绪三十年（1904），钱桐归国后，在三林学堂担任军体课教员。为增强团练力量，学堂创办人秦荣光（初名载瞻，字炳如，号月汀）从三林、陈行、杨思镇各选出绅商子弟八十名，利用休闲时间到三林学堂集训，因此向上海道台争取到八十支洋枪。钱桐认真地对他们进行军训，到十二月初，时任上海县知县的汪懋琨（字瑶庭）来校视察，见他们步伐整齐，枪法娴熟而大加赞赏。此时秦荣光已经逝世，而钱桐又再赴内蒙古文武学堂专任教习。

钱桐特意向贡桑诺尔布详细推介了秦荣光的办学业绩。贡桑诺尔布是比较趋新的蒙古亲王，深深被秦荣光的事迹所打动，欣然撰写了《秦温毅先生事略》，赞扬秦荣光从地方自治的法则入手，努力变革，“沈毅多远略，不获大施，则思小试于一乡”。此文发表后、在全国产生了影响，使秦荣光的声名远扬。

宣统二年（1910），钱桐赴外蒙古库伦兵备处参与练兵事宜。次年春，赴中俄边境调研。民国初，任北京政府参谋部国防科科长。民国二年（1913）赴新疆考察。民国六年（1917）任北洋政府督军团参谋本部职。三年后授陆军少将衔。民国十四年（1925）2月起任“善后会议”新疆代表。民国十六年（1927）6月授陆军少将加中将衔。民国十七年（1928）6月奉命再赴新疆，遭遇当地政变。事后兼任新疆驻南京办事处处长。民国十九年（1930）9月，经钮永建推荐，担任国民政府内政部古物陈列所主任、北京古学院副院长。民国二十二年（1933）以南京国民政府宣慰使署参议身份三入新疆。二年后的5月任中国博物馆协会执行委员会常委。次年5月编著《求实斋边事丛著》自刊出版。民国二十六年（1937）创办古物陈列所国画研究室。民国二十七年（1938）7月14日因病在北京逝世，终年六十四岁。

钱桐少年由父母做主娶本地四十二图李兰卿的女儿为妻。李氏先后生下一子三女，不幸其中两人是先天失声。钱桐因此气愤出走。

日本留学归国后（1905年左右），钱桐又娶钮永建的侄女钮爱华为妻，在北京建立起又一个家，生下钱端壮、钱端有等三子四女。

钱端壮（1911—1993），字意南，1911年9月生。早年赴欧洲留学，在德国格来弗斯瓦得大学数学系毕业，完成博士论文后，在法国索邦大学任研究员，研究弹道学。1939年回国至1949年，历任北京大学、北京师范大学、北京临时大学、国立西北师范学院（兰州）、中国大学（北京）等院校数学系教授。1950年，任山西大学教授、数学系主任。1952年起，任华东师范大学教授。1986年11月退休。1993年8月12日在上海华东医院逝世，享年八十二岁。

钱端有，1917年生。曾任天津拖拉机厂厂长，为第二、三、五、六届全国人民代表大会代表。

“老先生”原为塘湾乡董

钱椒（1855—？），字荫庭，号介福，居西钱家塘，他是钱端升的从叔父。作为清末岁贡生，钱椒在钱氏家族中德高望重，人称“老先生”。父亲早逝，自幼孤单，为伴母亲而不肯远游，淡泊名利，热衷地方公益，大胆指责苛政。疏浚塘淤时募资重建俞塘桥、祥云桥。光绪三十年（1904），带头集资在莺湖道院创办保节善会，任主任。光绪三十三年（1907），在镇西莺湖道院创办私塾，有学生二十三人。宣统二年（1910）八月，任塘湾乡乡董，先后参与创办双溪小学堂、塘湾小学堂。与陈行秦锡田等同修《上海县续志》。秦锡田在民国二十四年（1925）撰《寿钱荫庭》赞其“人生七十古来稀，辛苦孤儿泪暗挥。骨比贞松傲寒雪，心如寸草恋春晖”。又撰《祝钱荫庭先生七十寿》，赞其“愿为桑梓谋幸福，不教屋润一家肥”。

钱椒生二子（端仪、端堃）二女（菊仪、书仪），子孙大多迁至上海城区生活，有的因求学、工作离开上海。孙子钱德芳，1927年生，1943年参加革命。曾担任湖北省档案局局长。

另外，钱端升有个同族兄长叫钱端履。光绪二十五年（1899），钱端履考中上海县学，为末代秀才。民国二年（1913）10月，任塘湾乡议事会议员。民国十二年（1923）12月、次年7月改选，均再次当选。

塘湾“彭半镇”

张乃清

当年，塘湾镇彭姓为望族，人称“彭半镇”。

20世纪30年代，彭召棠曾经汇辑《彭氏宗谱》(秦锡田作序)，称始迁祖是明代进士彭琏(1378—1410)，字汝器，江西安福人。元末迁徙来沪，定居在黄浦江北岸彭溪(又称何溪)，子孙聚族。清嘉庆《松江府志》称，彭汝器“在彭溪建笔议轩”，为“手评《宋史》之所”。元末明初名士贝琼为其撰《笔议轩记》。明永乐二年(1404)，彭汝器考中进士二甲第八名，官至翰林学士。彭氏在黄浦江边义设彭家渡口，俗称“彭渡”(今马桥镇彭渡村)。彭氏子孙除留在彭渡村外，分支有俞塘、塘湾等地。十八保二十六图塘湾彭氏为其后裔。因迭遭兵燹，谱牒沦亡，彭召裳根据俞塘一支世系，列表成谱。

塘湾彭氏出了不少名士，具体有：

彭声骏，字月亭。清末监生。性刚决，有特识，好义嫉邪，而能容众犯而不校，故终身无一仇人。光绪年间，两次襄浚俞塘，不惮劳怨，募捐重修庆安桥。抚侄如子，清末出其自创产业，均派子侄无歧视。塘湾向无施棺、惜字，其带头捐金倡办。民国三年(1914)去世。

彭召棠(1888—1950)，字荫乔。民国元年(1912)七月至民国三年(1914)三月任议事会议员。民国十年(1921)，与本镇中医名医丁竟成等创办保婴会。民国十二年(1923)十二月乡议事会恢复，任议员。民国十三年（1924）七月起，任乡董。民国十七年（1928）五月改行政局，任局长。民国二十二年（1933）起，任上海县第二区区长。抗战胜利后，为振兴地方经济社会，集资筹建塘湾中心国民学校大礼堂。民国三十七年（1948）7月1日，塘湾大礼堂落成，乡人特邀民国元老、马桥镇人氏钮永建题名，并刻在礼堂门楣。上海县《明心报》作了专题报道。同时刊发了彭召棠撰写的《塘湾小学新建大礼堂记》。

彭召棠曾在镇上建了一幢十分气派的彭家花园洋房，保存至今。

彭利人（1909—1951），字以行，彭召棠侄儿。上海政法学院法学士。1926年夏，加入中国国民党，在车沟桥等建区党部。8月，任上海县第二区党部常委。1930年，任上海县第二区区长、县党部常委。次年，任县教育行政委员会委员。为私立上海正德女子中学校长、上海土布商店股份有限公司董事。抗战爆发后，赴湖南任省政府参议、江苏旅湘同乡会理事。抗战胜利后，任社会部计划委员。1948年1月，当选为江苏省第三选区立法委员。1949年1月，任社会部人民团体司司长。1951年12月30日，在日本东京病故。

塘湾的红色火种

钟　合

1921年7月，中国共产党在上海成立。1925年，在五卅运动推动下，上海地区中共基层组织加快发展。

1926年3月，中共曹行农民支部建立，在上海近郊率先点燃了“星星之火”。

5月，北伐战争揭开序幕，大革命的洪流席卷各地。

夏季里，陈秋帆（又名陈俊德，塘湾乡人）、杨厚生（字思公，曹家桥人）、彭利人（1909—1951，塘湾镇人）、姚影鸥等本地热血青年加入中国国民党，迎接国民革命军北伐攻打上海，并在车沟桥筹建区党部。在国共两党第一次合作中，陈秋帆等结识了更多共产党人。

1927年4月12日，以蒋介石为首的国民党新右派在上海发动反对国民党左派和共产党的武装政变，大肆屠杀共产党员、国民党左派及革命群众，国共两党第一次合作失败。陈秋帆眼见共产党人惨遭屠杀，震惊愤懑，他旗帜鲜明地抗议国民党新右派，因与彭利人等昔日好友因志向不合，政见相异，随即分道而行。陈秋帆毅然地加入共产党的队伍，投入到革命的洪流中。

8月，国民党“清党委员会”在塘湾、曹行地区建立上海县第二区党部，下辖塘湾、曹家桥、车沟桥、吴泾四个区分部，彭利人、杨厚生等任常委。不久，杨厚生经陈秋帆的引导，毅然退出国民党，加入共产党，与陈秋帆等并肩作战。

大革命失败后，中共江苏省委根据党的“八七会议”精神，决定开展土地革命和农民武装斗争。1927年11月，在中共松（江）金（山）青（浦）县委书记陈云领导下，小蒸地区率先成立一支近三十人的农民武装队伍，命名为松江区农民革命军。

消息传来，陈秋帆、杨厚生等精神振奋，决心在家乡传播红色火种，尽快点燃革命之火。中共上（海）宝（山）区委在塘湾地区（一说在虹桥的塘湾宅）建立，陈秋帆担任区委书记，直属中共江苏省委兼上海市委员会领导。

1928年1月1日，中共江苏省委制定《关于江苏省各县暴动计划》，要求各县在阴历年关必须发动武装“总暴动”，反抗国民党反动派，实现土地革命。据这份《暴动计划》记载，上海县境内新龙华至闵行镇一带，时有中共党支部三个，党员二十余人。

根据中共江苏省委的这一指示，陈秋帆立即进行筹划，组织本地区年关暴动。

1月16日（农历腊月二十四日）晚，陈秋帆、杨厚生等在曹行乡陆家店（今梅陇镇许泾村五组）聚集农民，准备暴动，却不慎走漏信息，遭到当局的武装镇压。陈秋帆、杨厚生等只得离乡撤往上海城区，等待时机再战。

4月27日晚，陈秋帆安排中共地下党武装人员在黄浦江畔信大砖瓦窑业工场附近袭击了塘湾乡保卫团，击毙副头目。

7月，中共江苏省委根据中共“六大”会议精神，批判了“左”倾盲动错误，重新制定农民运动计划和农村斗争策略。

在白色恐怖之中，陈秋帆、杨厚生带领革命群众艰难前行。

链接

生当作人杰，死亦为鬼雄。保卫国家，抵御外敌，总有流血，总会牺牲。那些年，那些人，在民族大义面前，前赴后继，让我们感念至今。

以下是我们从吴泾镇各村志中摘录的英雄名单（不完全）。

黄梦生，生于1919年，卒年不详，英武村人，出身家境贫寒，抗战时期加入新四军，在长期的革命战争时期，作战勇敢，屡立战功，在当地留有其英勇作战的传奇。在解放奉化的战斗中，他带领尖刀连率先冲进市区。20世纪50年代转业，落户在浙江温州，后在温州市第二工业局任副局长。

徐政（1923—1952.9），乳名关兴，英武村人。家贫，从小当学徒。抗战时期失业务农。1947年被国民党军队捉去当兵，旋逃回。次年春，又被当局抽丁，加入国民党军队，同年在淮海战役中被俘，随即自愿加入中国人民解放军。1951年参加中国人民志愿军，赴朝作战。于1952年9月，在战斗中英勇牺牲。

陈三元（1928.1—1953.3），金红村人。家庭贫苦，从小务农。1949

年12月，参加县大队（地方部队）。翌年11月，参加中国人民志愿军。后为中国人民解放军，曾任副班长。1953年3月26日，在今浙江舟山沈家门国防施工，因排除哑炮，不幸牺牲，是年25岁。后追认为革命烈士。

张世贵（1935—1953），星火村人。父早亡，家贫，靠母兄妹四人相依为命，从小勤奋。1951年在抗美援朝运动中，响应号召，报名参加中国民志愿军，同年赴朝作战。1953年在一次战斗中光荣负伤。回国治疗，是年12月因伤重医治无效而牺牲。

本地乡土人物简录

王　舟

属今吴泾村人，生卒年不详，字抡士，号济川。乾隆三十四年（1770），入武庠。著有《聊复·斋》诗集。

王蔼如

属现吴泾村人，生卒年不详，字乐山，号韵卿。道光六年（1827）入邑庠。道光十九年（1840）预行正科，中式副榜第六名。善诗文，诗作甚多，惜未连缀成集，诗风近香山，尤以《卖布叹》深得神韵：

“织成布匹夜将半，持易米盐供午炊，抱布前行天未明，空腹挤排背流汗；缕密丝光绝点瑕，才得青蚨逞心算；稍有差池买主无，待哺嗷嗷愁日旰；或时卖得不经意，恶少挪钱远奔窜，小民生理信艰危，卖布犹虞动蒙难；君不见东家无布成坐愁，有布可卖请勿忧。”

其诗文通俗上口，更见其关怀黎庶疾苦，针砭时政弊端之心迹，韵卿以文多作公益。道光十四年（1835）与人《同修九十一里图志》，咸丰元年（1851），撰吴冲泾西船碑记文。

杜 浩

属现吴泾村人，生卒不详，字志完，号芸台。清道光年间，邑庠廪膳生。工书法，著有《小杜诗编》。芸台本南邑人，因赘钱氏遂家焉。学问深湛，性情和蔼，里称纯和先生。

李子嘉

李子嘉（1895—1918），旧九十一图李家桥人（今吴泾村）。李子嘉幼即聪颖强记。九岁从乡儒丁梦松就读，所学课文皆能熟背。后又投师举人钱荫庭，习唐宋诸家诗词文章，颇有心得。李子嘉性好书法，蝇头正楷临亭神拟，深受宿儒辈称许。学文之暇又习武，举术稍有根底。十七岁辍学，在家设一义塾授徒讲学，又自学史地，孜孜不倦，颇有成就。两年后在本乡小学任教。民国四年（1915）孙中山领导革命运动风起云涌，震动乡间，便毅然投入。是年与彭荫乔、丁及成共投钮永建，致力革命事业。

李子嘉力倡彻底埋葬封建主义，实行妇女解放，又每每身体力行。剪男子发辫，除女子缠脚，尤致力革婚典之繁文缛节为己任。他提倡婚礼从简，以司仪员、男女傧相取代“六式人”，以行三鞠躬改跪拜之旧俗。此乃文明简便节省利民之益事，备受民众欢迎，可是，竟遭一些封建余孽所嫉恨，甚至不共戴天。民国七年（1918）底，塘湾镇南街陈姓商户结婚，李子嘉为主持新式婚礼。深夜返家，途经金家里的南北路上，冷不防被绳索绊倒，继被歹徒数人施以拳脚猛击，终遭掐脖而死，尸体被投入金家河中。凌晨，其尸被路人发现，得以料理。那时，旧政府腐败不堪，置命案痛痒不关，竟使凶手逍遥法外。

丁竟成

丁竟成（1889—1929），又名汝霖，塘湾乡人。精于中医外科，黄浦江两岸数十里，多慕名求医。幼年丧父，家境清贫。年十四岁从松江名医萧也秋学医。十八岁学成归家行医。丁为人忠厚清廉，救死扶伤而不计医酬，每遇赤贫，慷慨送药。丁对医术刻苦钻研，曾举办“浦东西中医学公会”。探讨交流医术，发扬医德，其医术造诣颇深，慕名求医者接踵而至，相挨成队。起沉疴，除顽疾之例不胜枚举。同村丁志成从树上摔下，树枝戳进肛门，危在旦夕。丁医生查看他伤势后，便开始手术。担心他体衰不支，就回家取人参一支令患病者含于口中，手术施后指日即愈。杜行有个女病孩，母早亡，父在养育方面没有多作照顾。该女孩胸口生一恶疮，疼痛连日，饮食不思，因贫病交迫，无力求医。她的伯母看见其可怜便寻丁医生求治，在渡口正好遇到，丁视其疮已化脓，当即就地动手术。见她病体虚弱，药方外另加人参，嘱其伯母去杜行镇“长寿堂”药号撮药，不必付药费，记在丁医生账上。这时杜行首富雷季安正好在场，丁医生济危精神深深地感动了他，于是雷翁慨然说：治病由丁先生，药费我负责。后服药渐愈。丁医生医术超群，乐善好施的美名在市区和松江、奉贤、川沙、南汇等县广为传播。历年，多方名人绅士经其治病者赠与匾额达十八块。丁还在上海南洋桥设有分诊所。于西医西药，亦颇有研究。曾发起成立中西医学联合会，在县内第一个采用静脉注射“六〇六”。民国八年（1919）夏季，疫病流行，他邀集四方名医，在塘湾设施医局，施诊给药，救活许多人。同时丁热心地方事业，曾创设“保婴会”，修建吴泾、塘口船码头。

他日夜为人治病，因操劳过度，于民国十八年（1929）1月17日患脑溢血病逝，享年四十一岁。遗著有《丁氏秘方》手抄本三册、药方数十份，惜于“文革”期间全部散失。授徒10余人，不少成为当地名医。

褚佐良

褚佐良（1907—1933）原名寅生。出身本乡西南境的西褚宅，是旧西四十二图图董之子。十四岁考入上海市青才小学，因其聪颖好学，小学至高中数次越级，年十九岁考入上海复旦大学。褚在大学期间勤苦攻读，又每撰文稿报刊发表，所得稿酬弥补读书费用。因用功过度，以致积劳成疾。四年后以第一名的成绩毕业。

次年，钱端升为褚佐良介绍工作，向中央研究院院长蔡元培推荐，蔡亲自对他考核，为了测试其能力和水平实力，便令褚翻译有关社会科学的外文书籍。褚如期完成，且因译本质量高而受蔡的赞赏，遂即任职于中央研究院社会科学研究所。一年后，因体力不支退职回家。民国二十年（1931），由塘湾区区长彭利人介绍，任塘湾民众教育馆第一任馆长。褚为人清正，秉性耿直，任职年余，因弹劾后任区长彭召棠之弊政，而遭其暗算，忧愤交加，旧病复重，于民国二十二年（1933）含恨去世，年仅二十六岁。

第三篇章　莺窦灵秀故园地

寻寻觅觅“桃源人家”

王一舟　翁忆洁

浦江第一湾素有“第一湾、第一宽、第一深、第一猛”的美誉，是整个上海区域内最深的流域。

这个“大直角弯”边上有一些小的村落，是我们踏寻访问的目标。

一路风尘，从喧嚣繁华中驶出，很快就来到了这个叫做寺嘴角路的深巷里。寺嘴角，顾名思义，就让人联想到这里的方位，曾经发生过的故事。

狭窄的巷子被一棵棵参天大树覆盖着，阳光如捉迷藏般，时而藏身于树叶中，时而又撩拨着走在小巷子的路人们。如同陶渊明笔下的桃花源一样，在曲径通幽的尽头，静静躺着一个叫做星湖村的村落。走进村庄，放眼望去，黄澄澄的稻海和波光粼粼的黄浦江交相辉映，压低的稻浪中，隐约浮现出零零星星的人影，他们就是一群世世代代生活在浦江第一湾的村民。

倏然间，一阵汽笛声划破了整个下午的寂静，就像我们突然的造访一样；这里的村民见着我们，都很热情。

住在江边打渔，是村民最平常的副业

正逢金秋，徒步走进村子，稻子已是金黄，秋风依然送爽，只是与在二三十年前相比，种稻子的大多已经不是本地村民了。外来务工人员承包下了大片的农田，而村里的年轻人把他们的舞台移到企业、工厂、机关……但是，曾经这里的土地与这里的村民休戚相关，他们的生活、命运、情感都和这片土地交织在一起。

农历四月，便到了水稻播种的季节。这时，田地间到处都是忙碌的身影。麦子刚刚收好，整理罢土地，就可以播种了。

端午节前后，秧苗长到小腿高就可以插秧了。这个节气，农户们早出时，会带两个粽子下地，一过晌午，蹲在地头，一边吃着香糯的粽子，一边聊着家常，好不惬意。经过大约5个月的细心呵护，这些稻子便成熟了，一垄垄，一行行，粒粒饱满，微微垂腰，等着农户们去收割。农户们左手握着稻子，右手挥舞镰刀，一株株稻子被割了下来，然后再将割刈的稻谷用翘梢的长扁担一扎扎，一捆捆挑到自家院子。

除了种地，浦江边上的人家，自然与水有着不一样的渊源。为了贴补家用，大约一半的村民会去打渔。不过与种地相比，打渔是村民的副业。当时是几家人联合起来，每天轮流打渔，捕好后就到老闵行、闸港镇去卖鱼。当时的渔网很简陋，是自制的，做衣服剩下的边角土布、残旧不穿的衣物、廉价的剑麻和亚麻就是制作渔网的主材料，将这些材料捆卷起来做成简单的渔网，就可到浦江边去打渔了。

当地还有一种捕鱼方法就是通过竹帘，俗称“打围箔”。这种捕鱼方式是用竹帘将捕捞区分片，分成类似喇叭形的区域。涨潮的时候，鱼纷纷进入“喇叭”里，从宽口游向窄口，潮一退去，鱼就进入了“喇叭”的窄口里去，在那里会有渔网等着它们。当时，水里的鱼类比较丰富，四鳃鲈鱼尤其鲜美。

塘湾的乡民们在打渔（资料图片）

摆渡过江采买年货，曾是村民最开心的时候

过去，村子附近比较荒芜，没有热闹喧嚣的集市，对岸叫做"闸港"的地方相对比较繁华，所以每次买办生活用品的时候就会摆渡到对岸，对岸就像是村民的"伊甸园"。

村子里原来有一个渡口，人们叫它寺嘴角渡口，通过这个渡口，将这里的村民与外界相连，但是20世纪80年代后这个渡口便不复存在了，有关摆渡的故事就从寺嘴角讲起。寺嘴角渡口停放着的一艘小木船就是这里村民过江的交通工具，小木船叫做摇橹船。这种摇橹船可容纳二十个人左右，划船的师傅站在船尾，奋力摇橹，船便开动了。小船是村里的，村民们每次过江都会拿出几毛钱犒劳一下摇船的师傅。每年摆渡到对岸去采买的次数，一个手掌便可数得清，当然，每次到对岸赶集也是这里村民最开心的时候，往往逢年过节或亲戚造访，才有机会到对岸置办、采买。

每到年末，家家户户开始忙着添置年货，此时也是寺嘴角渡口最繁忙的时候。清晨，天刚蒙蒙亮，开船的师傅就做起了准备。把船里的积水舀出来，把船橹放到船尾的位置，检查有没有漏水的地方，便等着“开船迎客”了。村里的男女老少熙熙攘攘坐到船上，一路上吵吵闹闹，不一会儿就到了闸港。猪肉、鸡、鸭、豆腐、面粉、糯米、油、春联……篮子里被塞得满满的。回到家中，老百姓便忙碌了起来，肉圆子在油锅里被炸得金黄；灶台上刚刚出炉的糕冒着腾腾的热气；隔壁端来了刚刚过好油的油豆腐……过年的时候还有一点不能忘，那就是祭祖，祭拜自己的祖先，祈求祖先保佑，明年能有个好收成。

现在，浦江第一弯上的船只依旧来来往往，但是随着吴泾镇的开发，这里的村民已经不再摆渡到对岸采买。

家家户户都有织布机，村里的女人都是织布高手

“以前的生活是很苦的，吃不饱，穿不暖，生病了也看不起，就去庙里拜一拜，求菩萨保佑……”星湖村72岁的李三根老人说到。除了过年能吃点好的，这里的村民在过去的岁月里，普遍都是贫穷的。吃不起大米饭，只能吃一些稀饭、南瓜和山芋，所以村民的肚子里没有油水。

在过去，村民们绝大多数都会种植棉花，等棉花成熟以后，就采摘回来做成土布。以前家中都有织布机，村里的女人几乎个个都会织布，土布织好以后，再找村里的裁缝做成新衣。当然，穿新衣服的机会很少，当时由于没有计划生育，每个家里都有很多孩子，这些衣服往往是老大穿完，老二穿，一件衣服千补万补，补丁打得到处都是。

村里的孩子上学也是极不方便，离村子大约3里地的距离有一所小学，据了解，这所小学叫塘湾小学。第一湾的孩子每天一大早都要徒步去读书，午饭就从家里带，中午在学校简单热一热就吃了。至于初中、高中就只能到更远的地方去上。当时学校的学费是家里种植的粮食，但是有很多孩子因为交不起粮食，只能在读完小学以后便匆匆辍学。

改革开放后，村民的生活得到了很大的改善，有吃有余。随着吴泾镇友爱中学等学校的建立，这里的孩子们再也不用跑那么远的路去上学。

1966年， 吴泾幸福大队的社员在棉花选种 （资料照片）

吃饭都成问题时，一个蟹洞能捉到140只螃蟹

在过去，虽然生活条件很艰苦，但总有一些事情回味起来让人不知不觉露出微笑。第一弯的孩子们都很会玩，江边生长了天然的芦苇荡，这里是孩子们的乐园。在芦苇和田地之间长满了茅草，在茅草比较鲜嫩的时候，会长出花穗，这些花穗叫茅针。村子里的小孩儿常常把这些茅针从茅草上抽出来，再把茅针青色的外衣拨开，里面就露出白白的，叫不上名字的东西，把它放在嘴里轻轻一吮，那滋味真是甜到心窝窝里。

除了好吃的茅尖，在茅草上还有更好吃的蟛蜞。这里的蟛蜞都藏身在长满茅草的泥洞里，惊蛰一过，蟛蜞洞便打开了。这时，村里的小伙伴们就会带着木桶、木棍还有粗铁丝做成的钩子去“钓”蟛蜞。转动木棍，让蟛蜞洞变得更大，再把铁钩子放进去，动动钩子，就把蟛蜞勾了出来。不一会儿的时间，木桶里就装满了被钓上来的蟛蜞。回到家中，把蟛蜞的盖子去掉，爪子剪掉，放在石头球里将蟛蜞捣碎，再用纱布将肉和渣分离，将肉放到锅里烧，这时，汤就会变成紫色，放一点盐巴，撒一把葱花，那味道别提有多鲜美。

除了钓蟛蜞，到小河边的泥洞里捉螃蟹也是孩子们的乐趣。把洞口的泥“切掉”，将整个胳膊伸进泥洞中，手指触碰螃蟹，然后迅速把胳膊拿出来，用手堵住泥洞口，这样螃蟹就会在往外逃的过程中，落入孩子们的手里。曾经生活在浦江第一湾上范家塘村的范振洋老先生就骄傲地说，他曾经在一个泥洞里捉到140只螃蟹，每个螃蟹都有3、4两的大小。

除此之外，村子里基本上每个月都会组织放一场电影，每到放电影

的时候，一家老老少少都会搬个小凳子到村头去看。有的时候，村民还会自发组织起来一起唱唱戏。日子虽过得清贫，但生活还是有滋有味。

现在，浦江第一湾上的村落里，有越来越多的外来人口走了进来，也有越来越多的年轻人走了出去。未来，浦江第一湾将随着紫竹滨江公园延伸段等重点项目的建设被开发，这里的村民们也将会享受到更好的基础设施。

走进浦江第一弯，寻寻觅觅，“桃源人家”的前世和今生。

时光，流逝着；岁月，沉淀着，一转身便是一个光阴的故事。有许许多多的场景虽已成为过眼云烟，也有许许多多的习俗一直延续到现在，唯一不变的是这个宁静的地域中，一直不缺乏一个个生动、感人的故事。

垅沟路的变迁

蒋正华

老家的东头有一条路，俗称“拖拉机路”。它北起剑川路，向南穿过数十个村宅，曲折蜿蜒，直到黄浦江北岸江堤，全长3公里左右。几十年来，这条唯一的“通衢大道”，见证时代变迁，历经岁月沧桑，既造福于沿途数以千计的农民，也留下了许多难以忘怀的辛酸往事。

拖拉机路的前身是一条2米左右宽的土路，建于20世纪50年代人民公社化时期。因土路旁是水渠，当地人称“垅沟”，久而久之，村民们便称土路为“垅沟路”。“垅沟路”的诞生是农村解放、农民翻身和农业进步的一大标志。它方便了各村人员之间的往来，促进了农业集体化大生产，同时也使老家农村有了一条直接连接市区公路的通道，便利了城乡人员交往和物资的交流。然而，“晴天一层灰，雨天是泥潭”的土路特点，实在让村民们吃尽了苦头。晴天，那高低不平的路面，不仅自行车难以行驶，就连挑担走路也很困难，轻者崴了脚，重者连人带货滚入垅沟里，让人哭笑不得；雨天，路面泥泞不堪，行路蹒跚，一步三摇，一不小心打个趔趄，摔你个仰面朝天狼狈不堪。当然因为是泥路，大多不会摔伤，但也有个别人闪了腰或断了骨的。对此，当年走惯平坦大马路的下乡知青体会最深。也许这是当年他们“接受贫下中农再教育”时所上的第一课。

“垅沟路”的整修大约在20世纪70年代，那时集体经济条件稍有改善，各生产队先后购买了小拖拉机（俗称手扶拖拉机），以替代用牛耕地的传统生产方式。不久，大队里又购买了几台大拖拉机，农忙时帮助各生产队收割、耕地，农闲时搞运输。大小拖拉机的出现，对道路的要求高了，于是，改造"垅沟路"，修筑"拖拉机路"便成了大队领导的一项重要工作。鉴于历史原因，许多现在看来不足为奇的建筑材料，如石子、黄沙、水泥等，在当时的市场上根本买不到。最后，只能和附近的化工厂商量，购买一种类似石灰渣子的化工下脚料——俗称"磷固土"，以此替代筑路材料。"磷固土"的特点是耐湿忌干，用作路面不怕雨水冲打，且越湿路面越硬结，人走车行越舒坦。其缺点是干旱时，它会自动开裂，并在人走车行中将表层碾成粉末状。遇到刮风时，扬尘便会吹进人们耳眼口鼻中，让人很不舒服，所以作为筑路材料并不理想。但在当年的环境下，除此之外实在没有什么办法。有了筑路材料，修路不成问题，经过三个月的"大干快上"，一条贯穿数十个村宅的拖拉机路终于修筑成功了。整修后的路面宽约6米，可供两辆大拖拉机交叉行驶。同时，为节约土地，修路时还将原先的明渠改为暗渠，俗称"地下垅沟"。位置就在整修后的拖拉机路底下。这种"人在地上走，水在地下流"的建筑工艺，在当年着实让村民们惊奇了好一阵子，认为这是人间的一种创造。

20世纪90年代，随着改革开放的深入，乡村企业大发展，由集体及转制企业资助，将拖拉机路改建成坚固的水泥路，彻底改变了路况。

由狭窄崎岖甚或泥泞的"垅沟路"变为宽敞平坦又坚实的"拖拉机路"，对老家农村来说是一个历史的进步，它改变了世代农民终年跋涉土路的历史，使农民再次看到了社会的进步和农村的希望，鼓舞了他们继续为创造美好新生活而努力的信心。

30年过去了，每次回乡，我总要走过拖拉机路。站在路上，环顾四周，每每看到一群群挂满笑意的行人，一辆辆疾驶而过的自行车、摩托车、拖拉机和汽车，内心总很激动。眼前总会浮现出当年人们行走“垅沟路”时的紧张神情，总要想起修筑拖拉机路时工地上彩旗飘扬、吼声震天的劳动场景。是啊，这就是历史，一条路的历史，也是农村社会发展变化的历史。作为这一历史发展变化的见证人和参与者，能不为之感到兴奋和激动吗?

现在，拖拉机路已成为历史，取代它的是一条30米左右宽的市级公路——莲花南路。这是社会经济发展的必然。然而，作为踏着拖拉机路“走”大和曾经为拖拉机路的修筑付出过汗水的农民后代，我怀念它。

未曾远去的火车鸣笛声

冯联清

那天上午，铁道“吴泾线”一列标号为“东风DF-0029”的“上局沪段”火车从西向东，经过莲花南路道口。此前几分钟，南北向的剑川路（莲花南路）道口已经关闭，两位铁道口的工作人员右手晃动着黄色旗帜，示意火车“可以安全通过”。见此信号旗的示意，只听火车长鸣一声，“拖”着十多个货车车厢，在道口两边众多车辆驾驶员和行人的注视

闵吴支线 （冯联清摄）

下，呼啸而过。过了一个多小时的11点16分，这列火车在吴泾化工厂附近双溪村的物流点装卸完货物后返程，由东向西，通过车水马龙的莲花南路返回位于闵行昆阳的终点站。在道口执勤的工作人员姚亚良告诉我，这条“吴泾线”今天就这“一趟”火车。“如果没有其他特殊任务，这条铁道上，今天不会再有列车经过”。

货运繁盛的昨天

从20世纪50年代末，吴泾被国家列为重点的化工和仓储基地以后，吴泾区域的铁道建设得到空前的发展。“吴泾线”沿着龙吴路从北向南，从棉花仓库开始，经上海碳素厂、上海焦化厂、吴泾化工厂、上海电化厂（后为氯碱化工股份有限公司）、吴泾热电厂（当时被称为吴泾工业的“五朵金花”），最终到达闵行总站。当时，不仅每家企业都有自己的铁路运输需求，而且横穿龙吴路的铁轨道口屡屡被通行的火车所阻断。尤其是通往热电厂和焦化厂的道口，常常因为火车装卸的“进进退退”而耽误了不少过往车辆和行人的通行时间。

而被称为“七库线”的铁路货运，从东面的上粮七库、吴泾冷库向西至闵行站，主要承担着仓储粮食、冷冻食品以及粮油、农资公司等单位货物的运输。当时不仅上粮七库的大量粮食的储存，而被称为远东第一冷库的吴泾冷库，都对国民经济以及备战备荒的重大战略物资的调运发挥着重要的、不可替代的作用。

在最盛时期，不仅货车来往频繁，企业都有专属道口，而且经过公路、村宅的铁轨，都有“道口”工作人员把守。其中“七库线”的上粮七

停靠在站头的列车 （冯联清摄）

库、“吴泾线”的吴泾热电厂等重要企业，还驻有解放军。由此可见，吴泾的“铁路之盛”何其壮哉。

通行锐减的今天

为了解通行于吴泾区域的铁路运输现状，我专程致电负责吴泾镇“吴泾线”和“七库线”的管理人员。对方说，在吴泾铁路货运最盛的时期，吴泾镇除了企业的道口，拥有12个道口。近年来，吴泾镇区域内的众多化工企业先后实现“产能转型”，从生产转向研发。上海碳素厂在本世纪初已经关停。化工企业大部分项目的下马、关停，使铁路运输的量锐减，以至于现在铁路运量的“一降再降”。而“七库线”的情况也是如此，也面临着“结构转型”的重要关头，加上一些仓储的货物改由黄浦江水运，也使得“七库线”和“吴泾线”一样，“运能”一路走低。目前走“七库线”的火车，一天至多也就“一到两趟”。电话那头，朱桂明口气似乎有些无奈。

据了解，自2000年吴泾街道与塘湾镇“撤二建一”成立新吴泾镇以来，随着上海紫竹高新园区的开发建设，剑川路以南大批土地被征用，剑川路以北、虹梅南路以西的地块作为动迁农民的安置房用地，使得“吴泾线”和“七库线”的铁路道口的分布出现了新的变化。据统计，近年来，吴泾镇范围内的“铁路道口”由原先的12个“锐减”为6个。现存的6个道口分别为：淡水河道口、放鹤路道口，剑川路（莲花南路）道口、蒋家塘道口和虹梅南路道口。

当年为闵吴支线专用的“浦江号”火车轮渡（资料照片）

一个新道口建成

尽管总道口的“量”减少了一半。但是，随着吴泾镇“城区建设”的推进，以樱桃河以西，永德路以北的大片土地已经作为动迁农民安置的“新区域”建设而得到有力的推进。从龙吴路以西止于莲花南路，被樱桃河和“吴泾线”阻断的永德路，每天都有大批的动迁农民和过往行人“跨过”樱桃河、铁轨，来往于永德路的东西段。然而，这里的铁道“吴泾线”却成了“新居民”们过往的“拦路虎”。不仅每天过往的火车，因为没有设立“道口”，让行人和火车司机“双方都胆战心惊”。雨天的泥泞、高低不平的铁轨两侧，被过往行人视为危途。

如今“永德路”铁路道口已建设完成，并投入使用。过往的行人和车辆不再“望轨兴叹”了。

1994年起就在道口工作的翁凤弟告诉我，尽管铁道上的火车来往的次数少了，但是我相信这条铁道不会消亡，因为铁路运输的功能，与其他运输工具相比有着不可替代的优势。言语中，他作为一个道口工作者的自豪感，都明白无误的写在了脸上。

生活在弯河旁

邹奎昌

母亲曾告诉我，父亲不是上海人，是浙江温州人。他是个传统的农民，但他会弹棉花。每当农闲季节，尤其是冬天，他到上海斜土路上一家棉被店弹棉被挣点零用钱贴补家用。上海解放，因农村进行土地改革，我们来到了当时为上海县塘湾区的莺湖乡第4村，即现在的第9村民小组（蒋家生产队），分到了土地和房子。至今，那张盖着“上海县人民政府”鲜红大印的《土地证》我仍保存着。从此，我们一家6口人在宅上扎下了根。

我听母亲说，蒋家宅宅上蒋姓以外的人家都和我家一样，都是从外乡来分得该地主房子的农民。宅子位于樱桃河西，杨家浜南。20世纪70年代，宅子后面筑了一条7、8米宽，可行拖拉机和供灌溉连在一起的道路沟渠，大大方便田间劳作，又把蒋家和杨家桥两个宅基连接起来。

在紧连宅东向南弯延，有一条东西向成“N”形的河。因为它弯弯曲曲，人们习惯叫它弯河。这河很长很宽也很深，河水很清很清。河岸两边是挺拔的水杉，河滩边是芦苇，郁郁葱葱。河里长满水草、菱角。宅子东靠河边上有座水桥，宅上的大多数人家就在这水桥上担水、淘米、洗菜。对于生长在这里的老百姓来说，这可是我们的母亲河。我们平时喝水或洗浣也全都靠这河水，两岸的耕田也全靠它灌溉。每到冬天，生产队里会拷河浜，河里的鱼又大又多又肥，每年按户按人头会分到不少。在物资匮乏的20世纪60至70年代，着实让每家每户改善一下生活而欢天喜地。每年夏天，我们宅上的男女老少，特别是男的，都会到这河里去游泳或洗澡。我就是在这条河里学会了游泳。每到秋天，河里一棵棵菱角藤叶碧绿碧绿，像铺在河面上的地毯十分漂亮。大大小小的鱼儿在下面游来游去觅食，相互追逐戏闹，非常好看、诱人。那些嘴馋的或口渴了，用一根树枝挑起菱角藤，采摘结在上面那红红的菱角，剥开外壳露出洁白如玉的肉，入口时那种脆嫩、汁多、清甜的口感，至今仍记忆犹新。

记得20世纪70年代，我曾任生产队会计。每当年终分红时，生产队银行账户上的存款总是零。为此，分红的钱总要到其他富裕生产队去借。为了改变生产队这种贫困面貌，我曾与队里的男女老少一起起早摸黑，风里来雨里去，经过几年的艰苦奋斗，生产队的账本上终于有了余款，再也不需要借款了，家家户户也不再缺粮了，日子一天比一天好起来。后来，电线也拉到了生产队，我和队里的同龄人一起去城里买了电线、电灯，亲手给队里的每家每户安装了电灯，从此告别照明用煤油灯的时代。我记得拉电线时还多次从电线杆上跌落下来，在帮人家装电灯时也曾多次从竹梯上摔下，所幸都没有发生意外。我家也从那时起摘除了长期因人多劳力少造成的"透支户"帽子。20世纪80年代，我家和队里很多人家一样，于拆建房子高峰时，在原来旧宅前面的自留地上盖了3间平房，大大改善了住房条件。

1977年国家恢复高考，我考上大学，从此离开家乡。但每年还时常回家看望母亲和隔壁邻居，看看长辈和当年和我一起成长的发小伙伴。宅上人还时常送给我队里种的蘑菇之类让尝尝鲜。那种乡音、乡情、乡趣、乡风永远不会忘怀。到了21世纪，这里拆迁了，蒋家宅和生产队不再存在。这里已变为上海交大闵行校区的一部分。但蒋家宅那干净清澈的弯河，依然存在在我记忆中。

“绞圈里”往事

瞿林海

2003年春节刚过，老宅的房子拆迁。祖孙四代携老带幼，恋恋不舍地离开了世代繁衍生息的故土——南木桥老宅。虽一晃10余年过去了，但时常勾起我对老房子和童年生活的回忆。

老宅坐落在樱桃河上南木桥的西岸边，是一套“回”字形的四合院，俗称“绞圈房子”。门前有一条小河浜——小沟滩流过，汇入樱桃河。河面上还有座简易小桥，与河南岸数户人家连接，呈现出一幅典型的江南水乡小桥、流水、人家的风景。

绞圈房曾是上海农村普遍的建筑形式，如今已经很少见了（资料图片）

家父兄弟3人，我父最小。3户人家同住在这个陈旧、封闭的绞圈房内。房子分3排，第一排正南方五开间一排房子，中间一间称"墙门间"，也是3家的公共通道，由于年久失修，大门早已不见。两边各有两间正屋，由二伯家居住。墙门间北面是天井，称"庭心"。东西两边各有两间厢房，厢房的门窗均朝庭心开启。我家住西厢房。后排中间是"客堂间"，两面两间依次称"次间"和"落檐"，由大伯家居住。客堂间较大，属3家的公用部位，原有一排落地长门，可以随时拆卸，专供婚、丧大事或逢年过节、祭祀祖宗之用。

不管走进谁家屋内，第一眼看见的都是用青砖砌成的灶头。一般都是"两眼灶"。所谓"两眼灶"，就是由灶膛和灶台组成，灶堂上画着"聚宝盆"等图案，侧面写着"火烛小心，人口太平"等字句。灶台上并排搁着两只煮饭、炒菜的铁镬，中间外侧安置一只小锅子叫"发镬"，内侧按1只"汤罐"。"发镬"和"汤罐"主要用来存水，等到饭菜烧好，里面的水也开了，既可食用，又可用作洗涮，节省柴草，一举两得。柴灶上烧出来的饭菜，由于火头旺，饭粒饱满晶莹，口感爽，喷香可口。灶边放着一只硕大的陶质水缸，一般的都可存放500—600斤日常生活用水。从樱桃河中担来活水，用明矾沉淀成净水后作为煮饭、烧菜之用。20世纪70年代开始，由于河水受到污染，普遍改用灶边井解决日常生活用水。一直到80年代全村都用上自来水。

那些年，每到夏天晚上，劳作之余，家家户户都将小台子往场地上一放，搬几只小凳，全家老小就在场地上共进晚餐。那时生活比较清苦，能吃饱肚子已心满意足，不讲究小菜。菜是自己腌制的酱瓜、萝卜干之类，偶尔有咸蛋，也炒一些自留地上种的时鲜蔬菜。要想吃鱼虾荤腥，必须自己动手下河摸蟹、捉蟛蜞、摸河蚌、螺蛳等。每次下河收获颇丰。河鲜味美，全家一饱口福，时称“下河勿吃素”。那年代，生活贫困，物资匮乏，主副食品、日常生活用品都是凭票供应。只有逢年过节，人客往来，才能吃上一次鱼肉荤菜。真如俗话所说，“要吃肉，望年夜”，“要着新衣盼出嫁”。

晚饭后，一般青壮年都到“天然浴场”——清澈的樱桃河中洗澡、游泳。浴后，搬出躺椅、竹椅，也有藤椅，有的甚至木门，两边用长凳一搁，拿条被单，就睡在外面，直到后半夜露水降临，才陆续回屋。也有男女老少，左邻右舍，同龄玩伴，三五成群聚在一起，摇摇蒲扇，乘乘风凉。老人吸吸水烟，谈天说地，嘎嘎讪胡。小孩子围坐在长辈身旁，仰望星空，聆听大人讲述和指认北斗星、牛郎织女星、银河星系等民间故事。偶尔有星星陨落，闪亮划破夜空；身边也不时有萤火虫闪烁飞舞……宁静的夜晚，其乐融融。

当时的农村，白天做不尽辛苦和枯燥的农活，晚上很少有文化娱乐活动。全公社只有一个电影放映队轮流在各大队放映电影。轮到本大队放映，也要跑3、5里路，自带凳子，能看一场露天电影也算是一次不错的娱乐享受。后来，农村开始有电视，生产队购买了一台九寸的黑白电视机。人们对新生事物的出现充满了好奇，观看人数很多。晚上，干脆把电视机搬到仓库场上。为抢到最佳的观看位置，太阳落山后，有人早早地在那里抢先排好了凳子。

悠悠岁月，沧海桑田。如今人们生活富足，文化生活丰富多彩。盛夏酷暑，蛰伏家中，“孵孵”空调，看看电视，上网聊天。渐渐淡忘了老宅的模样和童年时代酸甜苦辣的生活。但无法抹去老宅的乡愁和眷恋。

曾经的快乐很简单

星　火

旧时，农村不但经济生活困难，日常文化生活也很贫乏。村民常在劳动时以唱山歌解除疲劳，农闲时以唱山歌消闲解闷，提高情趣。本地区流行的山歌，其内容有反映劳动人民的生活和生产、有揭露封建社会黑暗和丑陋、有反映婚丧喜庆的，也有歌颂历代名人和劳动人民斗争等。山歌体裁各具特色、风格各异。解放后，唱山歌传统逐渐被文艺宣传以及广播、半导体收音机、电视、卡拉OK等现代文化艺术所取代，今会唱民间山歌的老人所剩无几。

传统文化生活中，男女老少都喜欢听故事、猜谜语。在休闲乘凉时，尤其在夏晚，住一个院子的都集中在家门前的场地上，一边手摇蒲扇纳凉，一边听着有人讲故事或互相猜谜。既训练思维，又增长智慧，实为种很好的娱乐习惯。

20世纪50年代群众文化生活，主要是逢红白喜事、做社出会或农闲时节邀请“打唱班”和“小清班”欢乐一阵，或邀请皮影戏班热闹一番，或在场头村边搭起戏台，邀滩簧班子来演唱娱乐，尤以庙会（俗称“节场”）影响深广。直至解放后，每逢周围集镇举行庙会，如农历正月十三的曹行，三月二十八的北桥，端午节的闵行，重阳节的闸港，十月初一的塘湾，十月十四的颛桥，十月十五的杜行等，本地村民多成群结队前往参加。庙会，由早期的祭祀活动逐渐融入集市交易，得名庙市。后又逐渐增加了娱乐性活动，庙会便成了民间流传的一种传统民俗活动，人们聚集在一起，除进献供品、举行仪式等活动外，还有流动杂耍班子民间艺人的演出，如灯舞、腰鼓、莲湘、踏高跷、荡湖船等文娱表演。今有人称之为当年的“狂欢节”。男老多喜欢到附近“孵茶馆”吃茶、听书。农闲时节或夏晚，少数有兴致的人以编唱民歌及猜谜自娱。

本地区受上海市区文化影响，沪剧成为村民最喜爱的地方戏曲。同时江南丝竹等民间艺术也在乡村流传。一些民间文艺团体农忙时从事耕作，农闲外出献艺成为常态。

在20世纪50年代的农村，收音机是稀罕物。那时，收音机都是用交流电的电子管收音机，电子管越多，收音机品质越好。五灯机（即机内有5支电子管的收音机），这对一般人家来说可望而不可即。进入60年代初期，矿石收音机盛行起来。这类收音机结构简单，仅由矿石小晶体、线圈、电容和耳机组成。商店有矿石收音机成品出售，价格低廉。也有不少人从商店买回元件，自己安装。矿石收音机不用电，没有放大作用，收听效果好坏主要取决于室外天线。不论走在哪里，几乎都可看到房顶上架设的天线。20世纪60年代后期，我国半导体业迅速发展，晶体管替代了电子管，品种繁多的晶体管收音机虽然物美价廉，但难以进入寻常百姓家。

20世纪60年代末，随着农村有线广播的普及，田头处处大喇叭，家家安装小喇叭。社员劳动时听大喇叭，回到家里听小喇叭，打发时间的方式就是听有线广播。有线广播一天播3次，早晨5:30在雄壮的《东方红》音乐声中开始了一天的精彩节目，早饭时听《新闻和报纸摘要》，7:30第一次播音结束；中午11:00第二次播音开始，1:30结束；晚上5:30第三次播音开始，中间播放《各地人民广播电台联播》，晚上9:30在激昂的《国际歌》音乐声中结束一天的节目。除了从农事、气象、新闻，到好人好事、风尚，有线广播每天播放的内容包罗万象：各项通知公告、公社社会主义教育活动、电影录音剪辑、样板戏选段、小说连播、地方曲艺、音乐欣赏等。记忆最深的当属农村专题节目“阿富根谈生产”。有线广播是那时信息来源单一的社员和孩子们了解外面世界的主要窗口。

勤丰公社成立初曾始建电影放映站，后由县接管，1973年，塘湾公社正式建立电影放映站，定期安排到各大队放露天电影，金光大队的社员孩子晚饭后自带凳子兴致勃勃去汤桥小学操场、坟茔屋场地等处看电影，星火大队的经常到姚家弄星火小学操场看电影。

20世纪70年代中期，半导体、收音机至电视机逐渐普及，农村有线广播悄然退出历史舞台。最先是生产队集体凭票购买9吋黑白电视机，一到晚上，大家争先恐后涌向生产队仓库观看播放节目，不知有多少老人惊叹:“真稀奇，人是怎么进入电视机里的?”20世纪80年代，大尺寸彩电以及音响、DVD等家电陆续进入千家万户，人们的文化生活更加丰富多彩。袖珍式收音机便于携带，直至现在还受到许多老年人的喜爱。

曾经追求文化知识的年轻一代，有不少订阅书刊，也有部分年轻人攒钱购买相机，留下历史的痕迹、留下美好的青春和甜蜜的笑。谁料历史的步伐越来越快，如今，互联网新媒体的快速发展，村民的文化生活极大丰富。许多人电视也少看了，一有空就刷微信。不用胶卷就能用手机录音、照相、拍视频。只有老年人，多数还在电视里看热闹、和邻居一起家长里短、去村老年活动室看书、打牌、下棋。

那些年，那些事

瞿林海

我从小生活在幸福村第一村民组，村东南部，吴泾镇最南端，共一百多号人，二百来亩地。古老的樱桃河就是从这里出发，逶迤北上穿过大半个吴泾镇，沿途催红生绿，滋养两岸无数生灵。东面就樱桃河为界与英武村为邻，农忙时分，樱桃河畔两村村民可在田间劳作的间隙隔岸喊话打招呼。南沿黄浦江，在漫长的岁月里，村民们几乎天天在田头与江中的船只为邻。小时候机动船极少，帆船是这道风景的主色调，时常能听见纤夫的吆喝声。我们祖辈对这两条河道有着深深的情怀，它们是家乡上万亩土地的取水之源、泄水之地，更是这块土地上数以万计条生命的命脉。

一条不到两米宽的泥巴路穿过村宅自东向西而去，那条不起眼的小道，不知什么时候开始直到改革开放那漫长的岁月，始终是东起黄浦江东段通向闵行老街的“官路”（官府修建的大道，后泛称大道），大家习惯称其为“南官路”。21世纪初大动迁之前，周围十来平方公里没一个集镇，这片土地上的人连置办油盐酱醋，大多都得走这条路去闵行老街——那个清代时已为上海地区商业市镇的历史重镇，民国年间成为上海县首镇的“小上海”。

被麦秸秆烧伤的弟弟

20世纪50年代，生产队里只有一名裁缝师、一名诊所职工、一名接生婆、两名方作（专做棺材的木匠）、两名搬运工、三名从解放前私营手工业学徒转制过来的工人，其余人都年复一年地劳作在三尺土地上。当时没有化肥，历来使用有机肥，即发酵的有机物和人畜粪便，很容易传染疾病，最常见的是蛔虫病，大家深受其害，尤其是上了学的小孩子，因蛔虫引起病痛而缺课是常有的事。

除了上学的孩子，学前儿童只能由大人带着下地，大人干活，孩子在田边玩耍。当年的学生从周一至周六，放学就得带上布袋和刀具割草养羊养兔。星期天照例跟大人下地学干农活。新中国成立之初政府号召庄稼人利用农闲空余时间办夜校扫盲。那时位于西场西隔壁的沥东小学几乎每晚汽油灯通明，青年男女三五成群来学习，由小学教师出任代课老师义务教学。在简陋温馨的氛围下，开展识字教学和加减法算术教学。课后教室变成舞厅，大家兴高采烈地扭秧歌、跳舞。

推广计划生育前，一对夫妇五六个孩子很普遍，由于照顾不周，孩子独自玩耍而受伤的事故不绝于耳，跌入河浜淹死的每年都有。我大弟就是其中之一。那是个麦收接近尾声的时节，我家到南官路的三岔路口有个硕大的麦壳堆刚用火燃烧过，看起来已没有明火，麦壳堆的中心仍烧得通红。十四个月大的大弟由大他三岁的姐姐看管。姐姐和小伙伴带着弟弟在麦壳堆边上的石板上玩耍，两个大孩子玩得太投入，根本没注意到弟弟已从石板上滚落到麦壳堆里。孩子幼小，跌进去了无法爬出来，两条腿越陷越深，满嘴灰烬，哭声微弱。一个还未入学的孩子经过，嘴里不断地叫着:“有个小囡！”惊动了在南边不远处翻地的爷爷。他慌忙跑过来，抢过孩子一看，四肢已大面积烧伤。村民们出主意，说涂抹酱油可减轻伤势。谁知弟弟一接触，本已麻木的双脚突然疼痛加剧，两只脚乱蹬，满是水泡的皮肤全退去，只露出可怕的红色肌肉，爷爷慌了手脚。

情急中，母亲借了乡亲们八十元钱，风风火火抱起儿子上全市治疗烧伤最好的广慈医院（现瑞金医院）。回家后皮肤长期溃烂流黄水，屋里气味难闻，母亲只得抱着弟弟睡在客堂用长凳搁起的门板上。不知过了多少个日夜，烧伤愈合后，皮肤皱缩变形，不得不进行二次植皮。母亲想从自己身上取皮，但取皮手术后无法照看孩子，听医生建议从弟弟大腿没被烧坏处取。二次植皮后以为治疗结束，谁知由于烧伤了正在发育的筋骨，第二年发现两手大拇指掌指关节成反向弯曲。母亲彷徨了很久，伤势已痊愈，孩子又变得活泼可爱，但如就此作罢，孩子就一辈子靠人抚养？又一次举债进医院进行手术矫正。第三年，由于脚趾的筋长得比趾骨慢，致使脚趾上翘穿不了鞋，最后将双脚的大拇趾和小趾进行切除，脚的模样成了芋头，常年干裂，行走困难。

整整三年，母亲身心疲惫，弟弟饱受伤痛的煎熬并终身落下后遗症。所幸顽强的大弟没有辜负母亲的良苦用心，用自己勤劳的双手创造了一家人的幸福生活。60年代，生产队办起了托儿所，尽管条件简陋，但孩子的安全在一定程度上有了保障。辍学的孩子渐少，后来出了两名大学生和六名初中生。

凡可入口的嫩草都试着吃了

三年自然灾害，上海也受严重影响。必缴的公粮需减免，自留的口粮严重不足。听说饲养场有种猪饲料叫“花仁饼”，大家都去尝试。闻着香但粗糙坚硬，不易消化，腹胀便秘。实在揭不开锅，内当家们偷偷地用布袋装些土布，结伴乘客船沿黄浦江西去浙江农村种稻产粮区换些大米。江浙两省是上海的大后方，肥沃的水田成就了天然粮仓，即使同样灾害，也稍微好些。当时民间以物易物属违法，所以换米须赶在天亮前出发，天黑后才能回家。

自然灾害稍有缓和时，还能喝上点粥，但主粮不够，须掺些大麦粉，常常是一家子围着餐桌上唯一的菜——炒盐巴或酱但过饭，一日三餐，天天如此。上年纪的人每天提个空篮子（现在的随身包）去闵行老街泡茶馆听评书，老太们则在家里做好后勤保障。

我上初中，上学要走狭窄又坑坑洼洼的六里路，天天披星戴月，遇上刮风下雨，深一脚浅一脚踩在泥泞的小路上，赤脚跨过两个被潮水淹没的堰，不被摔成泥人已是好运。我的同桌出身工人家庭，因属居民户口，每月有29斤白面供应。可能因为天天吃面粉做的烙饼有点厌了，看到我带的午餐菜粥或胡萝卜菜饭感觉新鲜，就商量着长期相换着吃。我吃着烙饼，想着田间的母亲，总是吃半个剩半个，放书包拿回家给母亲，母亲不忍心吃，我就谎称自己吃不下硬让她吃。现在母亲常把这件事讲给第三代们听，因为大伯（舅舅）心里有母亲，把半个饼省了下来，自己正在发育时没吃饱个子才瘦小。掩饰不住她过意不去的心情，眼眶充满泪水。那年代，家家户户没什么值钱东西，外出时在大门上挂把简单的锁，全公社只设一名公安警察。其实有钱也没地方花，因物资短缺供应紧张，几乎所有生活用品都得凭票买。不过农民有农民的活法，用槿树叶洗发就是一例。摘槿树叶加水搓成汁，用它洗头，既去污又治头皮瘙痒，天然绿色洗发液。

有人会说，庄稼人有自己的土地，为什么还挨饿？新中国成立后，为发展农业提出"以粮为纲 全面发展",凡能种植粮食作物的土地优先种植粮食作物。即使那时所有土地全种粮食作物,由于产量低下也不能保证养活所有国人。上海郊区的农业称得上是一流的精耕细作,完成缴粮任务后还是所剩无几,何况棉花、油菜籽都有摊派任务。生猪一头猪起码需饲养四五个月以上,养成后送往公社收购站,出肉35公斤才准予收购,结算人民币,奖励肉票、布票、饲料票。

进了高中,家境有所好转,父亲想为我买辆自行车,苦于没购物券,便从废钢材市场买回旧自来水管,托人焊接成自行车架,买些配件拼装成一辆杂牌车,从此我开始了骑车上学的生涯,但遇到下雨天就要将车扛在肩上。有一天,生产队凭票买回一台十四英寸黑白电视机,人群中立马炸开锅,人们早早吃完晚饭草草收场,里三层外三层挤在生产队仓库前的场地上。当时的电视机都只能接收3个频道,但却成了当时最好的娱乐生活。

大锅灶飘出了袅袅炊烟

20世纪60年代后期,吴泾地区的工业逐步有所发展,地处边缘的幸福村人开始有了外出做工的机会。那时,当个工人哪怕再劳累,总比农民强,且收入略高。因此,"手握铁锄柄,眼望高烟囱,"想跳出"农门"是当时泥腿子们的共同梦想。

有了劳务收入,推动了集体经济的发展。在组织统筹下,逐步达到每户都有外出工,村民的家庭收入也水涨船高。走亲访友不再单提个小小的黄篮头,招待亲戚也不只是一两个菜。还有那顶不起眼的土灶,以前农村家家户户都有一个用砖块和泥巴垒成的土灶，两三个大铁锅嵌在土灶上面，分别同时煮饭、炒菜。两铁锅之间往往还有一个小铁锅、一个汤罐（圆柱身圆锥底）。等饭菜烧好时，小铁锅和汤罐里的水也开了，使用热水很方便。灶肚下面是灰坑，干稻草等各种作物秸秆、树枝、木柴等都可以作为土灶的燃烧物。在经济萧条的年代，土灶冷清，房顶上的烟囱很少冒烟。如果发现家家户户烟囱里长时间冒着一缕缕袅袅青烟，不用说，大伙的手头一定宽裕了，正忙着做花色繁多的美味佳肴呢。

经济状况好转的同时，教育卫生和医疗环境也相应得到改善。除了生产队办托儿所，农村幼儿园开始普及，新建中小学校也不断增加，农村孩子就近上学，入学率迅速上升。

生活饮用水是卫生环境的重要标志物。千百年来，村民的生活用水均来自黄浦江及其支流。为保持河水干净，须定期捻河泥，把河底淤泥挖出来，挖上来的淤泥还可当作种庄稼的肥料。20世纪70年代前，人人家里都备有水缸，用水桶到河边挑水倒入，放上明矾（捣碎）搅拌。明矾可以吸附水里悬浮的杂质，并形成沉淀，使水澄清。后来随着乡镇工业的发展，一些工业企业将污水排放到河里，河水受到严重污染，难以饮用。这时，政府号召并补贴村民挖井取水。刚喝上井水，有股清凉甘甜的味道。井水冬暖夏凉，夏天，井还能起冰箱的作用，吃剩的饭菜用篮子吊在井里悬在水面上，隔夜不会变质。井水虽不是十分理想的饮用水，但那时少不了，它毕竟是生活水平和饮水安全提升的见证。20世纪80年代初，工业化进程加快，地下水也变质了，村民们只好像城里人一样使用上了自来水。

同时，为解决农村地区缺医少药的问题，“赤脚医生”应运而生。十多年后，随着家庭联产承包责任制的推行，合作医疗制度瓦解，“赤脚医生”也因此失去了政治与经济的依托，淡出了历史。

老家的幸福蜕变

20世纪70年代末，十一届三中全会吹响了改革开放的号角。九年制义务教育的推动，经过三十多年的努力，现在我们与上海其他地方一样，孩子入学率达到100%，上大学已成普遍现象。生活水平进一步提高，是在实行家庭联产承包责任制后，它在保留集体经济必要的统一经营的同时，承包户根据承包合同规定的权限，独立作出经营决策，并在完成国家和集体任务的前提下分享经营成果，从此农民开始改变天生只会“修理地球”的职责，尝试将多余的生产力释放到城市中去。

过去由于种种原因，农民被束缚在土地上，除了刨土没别的出路。政策一变，许多村民走向城市，干着那些城里人不情愿干的重活，为城市建设奉献的同时，自己的钱包逐渐鼓起来；受惠于搞活市场的政策，把自己的农产品直接送到城市，给菜篮子增添色彩。有头脑的先一步来到城市扎根，经营各种小作坊小店铺做生意，或承包工程当老板，也有靠技术挣钱，还有各类自由职业者……20世纪80年代，上海郊区的土地承包户一般都换成了外来农民，土生土长的农民大多另谋生路，传统的生产关系颠覆，庄稼人逐步走上了自由发展的宽广大道。

改革开放三十余年，是老家发展变化最快的时期，村民收入直线上升，曾经吃肉要盼过年，现在吃肉还要挑精拣肥。过去的衣服绝大部分是土布做的，补丁连补丁，一件衣服兄妹几个挨着穿，现在穿戴讲究礼仪、追求时尚。我儿时感觉冬天冷，晚上睡觉只能在被子上压两条麻袋，褥子下铺一层干稻草保暖，现在有了鸭绒被，还用上电热毯和空调。那时农村的女性从年轻大姑娘到年迈老太太根本没有胸罩的概念，现在说来好像天方夜谭。20世纪五六十年代几乎家家都有一两间茅草屋，70年代仍是清一色平房，直到80年代才开始建楼房。

21世纪经济建设飞速发展，一座座高楼拔地，一个个工业园崛起。2010年年底，老家就在这翻天覆地的变化中实现了大动迁，我们世世代代生活着的这片土地，变成了紫竹科学园区的服务基地。村民们被安置到了不同的居民区，住进了高楼大厦。居民家庭室内装修越来越像宾馆酒店，大家尽情享受着科技文明和社会发展创造的乐趣和舒适，家用电器应有尽有，文化生活丰富多彩，老有所养，病有所医，少有所学，人尽其能，健身保养，陶冶情趣……社会不管怎样变化，历史不管怎样发展，靠喝黄浦江水长大，一步步从农村走出来的我，永远怀念养育自己成长的老家。

撑船历险记

姜顺忠

英武7队坐落于吴泾镇英武村的西北角，西依樱桃河、北靠乐道浜。在当时陆上通行条件很差的情况下，7队的水运非常方便。

20世纪70年代初，队委会利用有上交运下放的人员和集体积累，购买了一条十三吨的水泥船。大忙季节船上人员也要务农，其余时间搞运输创收，分别为公社农具五金机械厂、砖瓦厂、种畜场，以及上海板箱厂装运钢材、木材、泥土、砖头以及喂猪的白浆水。既增加了生产队的经济收入，也锻炼和提高了我们几个小青年的撑船技能。

1977年，老船工年龄高，上了岸，这条船就有我们三个青年执掌，在生产队、大队干部的关心协助下，我们这条船被接纳为公社运输队的调剂范畴，因此生意更显得忙碌。1978年“三夏”大忙前，我们被安排和运输队其他船一起到上棉九厂定海路码头装载无敏氨水。由于当时化肥紧张，能够装到无敏氨水对农业生产是大有益处，所以我们在黄浦江上等了整整一个礼拜，在这等待的过程中，既有家里人的期待问候，也有被安排施肥队领导的急切催问，所以当我们装好了肥料以后没有等候其他船就直接起锚返航了。

可能是心里急迫，更是缺少黄浦江江面上的船运知识和经验，在陆家嘴以东的江面上扬起了帆，支起了蓬，很是快捷。当接近外白渡桥东侧，一股不规则的风把船只吹得偏离了航道，由于突然和恐慌连落蓬都来不及，水泥船和停泊在江中的船发生碰撞，好在这些拖轮和驳船上师傅们的护援，我们才幸免于难，只不过是做饭用的铁锅、水缸、灶头、餐具及其他用品全部撞落江中，在惊恐和无奈的情景中将船摇到龙华港口，靠在木排上。

垂头丧气地吃好了船友们给予的晚餐，由于白天的惊吓，加上那些老船员的臭骂，所以没有和其他船工们交流直接睡了，一直到天亮才醒，但此时的船也漂到了浦东三林塘垃圾滩，还好船只无损。由于这一事件的发生，我们这只水泥船被领导认定为多事之船，不能安排出入黄浦江，只能在内河即樱桃河、俞塘港、淡水河、横泾等装装水泥这些建筑材料，还相当风趣地给我们这只船起了个雅号叫“沉不掉的水泥船”，在当时的一段时间内很有名气。

跳动于乡村的音符

钟　合

在吴泾人的印象中，旧时的皮影戏、小清班和打唱班，在各自特有的丝竹声中拨动他们的心弦，带人回到那个特殊的年代。

皮影戏

如今，人们娱乐的形式各种各样，大众的是街边热闹的广场舞，小资一些的是到影院观看4D电影，或到剧院欣赏戏剧，再不济还可以窝在

20世纪的丝竹班表演（资料图片）

家里看电视。而在旧时，由于条件有限，娱乐活动稀少，“皮影戏”出台，人们皆争相一饱眼福。一般人们熟知的是七宝皮影戏，其实，吴泾的塘湾皮影戏也已有一百多年的历史了。

皮影戏俗称“灯影戏”，又有“电影始祖”的美称。皮影戏的道具为皮影戏人像，用油浸牛皮刻制，头像可变换移插，足、腿、腰、手不能分离而能活动。人像上装有小捧梗两根，艺人赖以施出灵巧手腕操作，活动千姿百态。为旧时农村主要文艺形式之一，故乡邻闻某地有皮影戏演出，观赏群众远近云集，人潮汹涌，摩肩接踵。

皮影戏台务布置也较简易，要在搭设的高台上挂一白布制成的幕布，幕里燃点光度较亮的灯盏（后以汽油灯取代）。皮影戏全班人员都在幕内，分别前场、中场与后场操持各项工作。前场有上下手，二人握持皮影映演和一切唱词与说白对答，挑箱子负责选择临演的各类型人像与换插头像。中场奏乐二人，演奏粗细乐的各种曲谱，后场一人负责鼓场节拍与拖腔和韵。

最早时，塘湾的皮影戏班由陆浩云父子操演。

皮影戏演出的剧目都选择忠臣义将一类：如《薛仁贵征东》《薛丁山征西》《岳飞传》《西游记》《杨家将》《水浒传》《封神榜》等。细乐曲谱有平调、哭调、游调（用于探子出场）、花园调（奏于斩犯人时）。曲牌有《朝天子》《小更衣》等。

皮影戏演出兴盛期为每年做秋社与春节期间。陆家班还曾往奉贤、松江、青浦等市镇演出，观众买票入场。

陆家皮影戏班在20世纪30年代曾应邀至上海亚声电台演唱《封神榜》中《大破万仙阵》一出，历时半年之久，获得社会广泛赞誉，产生了良好的反响。陆家皮影戏班陆浩云收过黄生堂与曹锡贵两门生，黄、曹两人也组织过皮影戏班子，终因技艺不精，乏人问津而散，曹锡贵后改行说书。“文革”时，在“破旧立新”的浪潮冲击下，皮影戏班子被解散。

小清班

国乐队又谓“小清班”，1941年秋，浦右国乐队由一群不到而立之年的年轻人组成。这群年轻人有着初生牛犊不畏虎的豪迈气概，他们皆慨然解囊置办乐器。伊始，尚欠齐全，继后逐步添置。乐队先有老辈蒋宝生作启蒙，首学曲谱，继学演奏《梅花三弄》《快六》《行街四合》等曲。由于学员们勤学不怠，即由疏而熟，因成绩斐然而其兴趣更浓。遂置办珠花彩球，扎彩乐器、璀璨美观，受婚嫁、寿庆主翁青睐，邀请献奉、助乐添兴。主翁对乐队人员均盛情款待，列为上宾，乐队人员欣喜满意，庆毕辞别时，以喜糖喜果相赠，另则不计其他报酬。然而，到新中国成立初期，因聘用渐少，热情消沉解散。

1946年冬，华家塘国乐队成立，这支乐队由华兆祥、蒋英发起组织，队员有十二名。出资聘请管寿昌与蒋姓两位老师，管、蒋两师在器乐演奏上技艺精湛，教授方法也高出一筹，学者情绪高涨，焕发起对乐队增添光彩的构思。遂至沪定制扎彩的珠彩饰物，演奏时乐器点缀得色彩缤纷、壮观别致。得喜庆户瞩目，邀请者日见增多，成为一支不收费的乐队。曾参加闵行镇端午节，北桥庙会等竞艺活动，获得好评，但因这支义务性乐队有损“门图”（指营业地域）打唱班经营收入，形成矛盾引起不满，曾遭干涉。令人惋惜的是，这支乐队于1951年年初欢送过抗美援朝志愿军入伍后便解散了。

打 唱 班

打唱班，指有"门图"（指营业地域）的营业性音乐团体，包括奏乐、说唱，应邀于婚礼、寿庆以及少数富有者丧葬活动，以渲染气氛。

打唱分洋台、高箱两类。洋台为可移动的小型戏台，充满洋气、一切精致美感，别出构制，既有雕刻花板，又有锦幛彩球。可以说是绚丽纷呈、异彩奇色，现场布景光彩夺目，为富人家喜庆增添豪华气派。

塘湾乡仅有袁连山的袁家"打唱班"备有大、小洋台各一台。袁连山承袭祖业衣钵。因他热爱事业，又善于审时度势，28岁时，见昆曲盛极而衰，而京剧反而兴盛，于是改弦易辙，到沪聘请一位苏兴林琴师，学习京剧演奏和演唱要诀，由于他呕心沥血、苦心孤诣，在短时间内就学会到京剧苏滩100多出，刃发于砺、初露锋芒。从此声誉鹊起，慕名向袁老拜师者接踵而至，他便开始纳徒授教，袁以师资责任感自勉，辛勤耕耘，培育出梨园子弟不乏头角峥嵘。为袁家"打唱班"建立起了强大阵容，名声远扬，打唱业日益兴旺，收入自然也丰盈。

袁又耗资张罗起大、小洋台各一，构制精致，一人现场布置宛如小型辉煌戏台，加之艺员奏唱功底雄厚，可谓珠联璧合、旗鼓相当，令人刮目相看。其子仲秋、仲舟与子婿朱锦儒青出于蓝，皆富有唱做功底。过去提及袁家打唱班皆交口称赞。

袁家打唱班蜚声半个世纪，经受沧桑变易。新中国成立后，因时代变化，打唱班无人问津而解体。

打唱的另一种形式是高箱。旧时，殷实的人家一般选择高箱打唱班。塘湾的南片有张克明、姚金浦合组“高箱打唱班”。因乐器种类繁多，备有两只高箱盛放乐器，故冠以“高箱”二字。张姚两人皆袁连山门生，技艺亦属上乘，以往凡有事主雇聘，向与袁家打唱班通办合作，成一旗鼓相当的坚强阵容。现在张、姚两人都已故世，后继无人。

而普通劳动人民生活穷苦，遇有喜丧事、无力邀请班子，只能喊“猢头”一类，掌业人仅有二、三人，乐器猢在胳膊中赴事主家，故名谓“猢头”。职司草率，只在宾客行礼时奏些陈曲滥调，收费低廉。

新中国成立后，人民的生活蒸蒸日上，他们希望通过文艺形式表达对祖国和共产党的热爱，因此，塘湾乡的秧歌、腰鼓、莲湘、歌咏等新一代群众性文艺组织如雨后春笋般兴起。

明清两代的本地风情诗文

明清时期，居于吴泾乡间的本土文人墨客留下了不少诗文，记录当地的风土人情。

莺湖乐耕图 （局部 资料图片）

莺湖九老会

明·蒋坚

归田两袖拂清风，结社还欣聚老翁。

二仲尚嫌来住寂，八公何幸性情同。

勋名已等云烟散，诗酒唯凭宴会通。

月一相逢欢竟日，盘食适口不须丰。

注：蒋坚，字宗实，成化年间人，以增贡生出任福建沙县知县。

莺湖九老会

明·蒋云

大夫七十去官回，会仿前贤笑口开。

黄发相看天数合，白衣似约菊秋来。

旧时云树思堪慰，此日莼鲈喜共陪。

竹有余阴松有荫，一堂杖履乐徘徊。

注：蒋云，字从龙，嘉请七年（1528）举人，历任山东蒲台、江西会县知事。

莺湖九老会

明·蒋永澄

觞咏无虚旧钓游，九老合志兴长留。

偶寻花圃同携杖，欲泛菱湖共拍舟。

莫羡阮林分大小，却添蒋径几羊求。

知音同调心相许，讵让香山菊味投。

注：蒋永澄，字定川，嘉靖年间增贡生，出任大名府清丰县县丞。

莺湖九老会

明 · 蒋彬

林下风清地亦偏，良辰雅集共陶然。

春酣修竹崇兰地，秋坐朱萸黄菊天。

诗酒之间联旧雨，羲皇以上乐余年。

莺湖足继香山会，今古人文合并传。

注：蒋彬，字乐吾，嘉靖年间廪贡生。

莺湖九老会

明 · 蒋继祯

杖履优游乐太平，寄身诗酒尽长庚。

月为一会欢同调，人与九峰欲竞名。

占得东都高品格，缔成真率旧交情。

苍颜皓首皆康寿，把酒桑麻笑语盈。

注：蒋继祯，字世瑞，号思闲，嘉年间任广东东莞县盐吏大使。

莺湖九老会

明 · 蒋传道

香山余韵复堪图，仙侣相将鸠杖扶。

尚义桥边成雅集，乐耕堂上聚欢呼。

无肴尽可羹为荠，有酒还添脍是鲈。
此会未知年几百，共倾心迹在蓬壶。

注：蒋传道，字汝行，号婴宾，嘉靖年间，出任威海卫经历。主修《蒋氏宗谱》。

莺湖九老会

明·蒋尔芳

湖为闻莺友易求，李公有记记名流。
九峰分作九人寿，一月欣逢一日留。
想见殷勤谈道义，岂图晡啜订交游。
于今我亦蒙天假，七十虽逾奈寡俦。

注：蒋尔芳，字君宾，万历年间青浦县学庠生。主纂《蒋氏族谱》。

尚义桥颂

明·蒋柱

凑洧有乘舆，莺窦无徒杠，奈此病涉民，临涯意彷徨。
一水分地域，东西徒相望，蒙恩视故事，立表旌其堂。
岂不被荣宠，忍见濡衣裳，移费采山骨，聚石架河梁。
与其荣吾家，孰若利吾乡，通道行坦坦，中流水洋洋。
不烦官府檄，岂资里闾馕，百年付逝波，遗爱视道旁。
仁人不可作，宛在水中央，顾瞻先民志，尚义名先当。

乐耕堂颂

明·蒋柱

朝氛蒙中土，四海流膻腥。资之润稷黍，百年不成馨。
圣水洗余秽，皇风扇群灵。陇上有生意，耕野无穷民。
东皋候零雨，早作披晨星。岁事辨稌黍，日计较阴晴。
岂不动四体，乐此不为辛。且耕而且读，桔槔杂书声。
田畴秋有获，翰墨春一鸣。犁锄方卒事，内召趋神京。
禁直有余暇，彷徨念先臣。构堂志遗德，特笔颜其甍。
涉降庭上下，仿佛如有闻。勒成三字额，百世视箴铭。

勤织堂颂

明·蒋柱

海上无蚕桑，潮沙宜吉贝。织作成文章，授衣此为最。
道婆惜已殁，遗风犹未艾。母也实继之，有过无不逮。
食贫早有年，朝暮织是赖。别色上鸣车，震弹声户外。
缕缕出岫云，翏翏发穷籁。晨梳逐流星，夜纬乘余暧。
习惯亦性成，相耕天立配。我生忽不天，夫子中道背。
茕茕历艰辛，服勤毋乃太。膏火伴咿唔，程限两相待。
课读二十年，学成感帝赉。就禄赴京华，眉寿无有害。
慈训志生平，勤织名公廨。赐省莺宾侧，小水一衣带。
临湖作新堂，堂额郡乘载。书由徽国来，文向泰和丐。
仰瞻龙蛇生，俯瞩锦绣在。妇女百世师，作者不可再。

愿言有尹言，望古心与会。

注：蒋柱，字叔承，明万历年间庠生，主编《蒋氏族谱》。

田家月令

明·张惠曾

正月田家贺岁朝，东邻西舍尽欢招。
旧来灯市今能否，相约杯盘乐一宵。
二月田家服用华，藜羹煮饭笋煎茶。
牧牛稚子携薗菜，刈蒲村姑摘杏花。
田家三月过清明，驾犊扶犁力课耕。
烟雨霏霏身入画，天公妙手轶关荆。
四月田家到处忙，棉花欲种麦登场。
种花预备公私赋，登麦时闻饼饵香。
千耦耕耘腰背驼，田家五月敢蹉跎。
者般辛苦无多日，饱听秋成大有歌。
日光如火昼方长，六月田家汗似浆。
破帽遮头骑犊背，牧童何福受清凉。
七月田家是暇时，省亲少妇抱娇儿。
几多瓜果时鲜物，夫婿亲携后面随。
木樨花发晚风凉，八月田家逸兴长。
螺杓乍收垂叶露，鸭炉又炷敬天香。
秋稼如云喜气扬，田家九月庆重阳。
粉凝玉乳糕切熟，糟滴珍珠酒乍香。

十月田家社会哗，铺张肴核斗繁华。
东邻处士何为者，不看迎神看落霞。
冬至初交岁欲阑，田家欢饮坐团栾。
老翁指廪为儿说，一半须将官赋完。
爆竹声声响震天，近看丁倒贴春联。
田家腊月宽闲甚，整理衣衫待拜年。

注：张惠曾，字纪堂，号杞村，佾生。

咏莺湖十景

清·蒋堉

自卑闻磬

径曲花深僧诵经，几回清韵磬泠泠。
尘心应使闻俱寂，别梦还教到易醒。
云外晨钟将共远，月中暮鼓倩谁听。
投斋乌鹊群飞下，不断余音户已扃。

邢窦故墟

人往时迁未了因，犹传两姓结芳邻。
邢姨诗咏侯何贵，窦氏祥占桂聿新。
似检衣冠思尹吉，如连村舍话朱陈。
欲寻遗迹今何在，废瓦颓垣问水滨。

尚义落虹

通衢安可少河梁，移帑填桥利我乡。
今日往还忘唤渡，他年寒沍免褰裳。

半天彩落环鸟鹊，两岸荫深接绿杨。
为把君恩来济齐，义声千古共流长。

蒋氏弦诵

祠傍湖边远市阛，不妨绿满草忘删。
弦歌韵绕烝曾地，俎豆香流经史间。
十载奇文应共赏，四时乐意却相关。
先芬行路多称道，又得新添玉笋班。

双杏垂荫

郁郁葱葱几百年，交柯并荫我家阡。
久依支溇水边古，如带慈恩寺里妍。
得气漫矜能拔地，钟灵争美欲参天。
余荫尚庇云礽远，飞鸟何时傍后旋。

屠墓樵吟

方伯佳城本郁威，何来樵唱墓门围。
残碑谁为摹荒藓，翁仲空教对落晖。
遥和渔歌还自乐，每随牧笛似来归。
一为凭吊思兴废，欲共松楸叹式微。

重坊旌节

坊间莺湖西复东，后先辉映耸云中。
一门苦节扶伦纪，五氏恩光著令功。
合享烝曾祠可立，并登志秉笔从公。
巍巍相望垂千载，巾帼原堪挽世风。

南浦归帆

出宰时悲问视遥，几经雨晦兴风潮。

片帆高挂长沙日，一叶轻浮尚义桥。

岂为莼鲈旋解组，却瞻屺岵理归桡。

到家适得风来助，舞綵堂开对好潮。

乐勤遗构

旧第从来禾黍多，我家何幸尚巍峨。

一犁想见春雨前，半轴如闻秋夜梭。

作室当时勤孝养，背堂奕世著诗歌。

相传四百余年后，源远流长未雀罗。

东皋采药

何年种药傍湖湾，高岸逶迤似近山。

松下问童云未散，桥边着屐草先删。

提筐适兴常舒啸，拍蝶寻香好趁闲。

倘向斜阳频陟望，天空飞鸟倦知还。

注：蒋堉，字郢高，别号岂匏，居莺窦湖之东。清乾隆年间国学生。主修《蒋氏宗谱》，著有《从吾斋稿》。

咏莺湖十景

清·蒋淑英

自卑闻磬

老僧应入定，风送一声磬。

为问世间人，尘梦可曾醒。

尚义落虹

移坊建石梁，遗泽焉敢忘。

与其荣我家，曷若利我乡。

双杏垂荫

双杏高寻丈，垂荫十亩广。

其旁有女萝，也附孙枝长。

重坊旌节

女子贵从一，虚荣无足述。

抚此石坚贞，中有冰霜质。

乐勤遗构

一尺复一斗，不借他人手。

归田筑此堂，述父而养母。

邢窦故墟

人杰地自灵，河以姓得名。

那知未千载，河名且变更。

蒋氏弦诵

何以妥先灵，书香幸留遗。

听到读书声，胜奏迎神词。

屠墓樵吟

昔为显者墓，今成樵采地。

翁仲纵无言，相对如堕泪。

南浦归帆

南望春申浦，一帆归远天。

得尝终养愿，不愧孝廉船。

东皋采药

傍河一土丘，疑是蓬莱峤。

采采满生意，临风更舒啸。

注：蒋淑英，字绣余，蒋性中十三世女孙。

吴冲泾庙

清·何文源

一庙依江滨，僻陋游人寡。

馨香奉社公，户宇归兰若。

晴曦耀栋梁，奔浪溅鸯瓦。

疏垣仅及肩，杂树才盈把。

东壁一窗开，午潮千里泻。

渔舟小似凫，风帆疾如马。

游目畅心神，裁诗媿风雅。

胜地过从稀，我亦悠悠者。

注：何文源，字采江，清代文士。

游吴冲泾庙

清·王舟

江头遗庙境超凡，会意幽寻众妙玄。

动殿雷声前后浪，拂窗云影去来帆。

注：王舟，字抡士，清代武庠生。

邹家嘴

清·丁宜福

春潮剽悍比秋潮，嘴转邹家势更骄。

记取菜花黄一色，泊舟休系闸溪桥。

注：丁宜福，字时水、慈水，岁贡生。

吴冲泾庙

清·王蔼如

信步游春郊，花柳盛红绿。

睠兹数步地，有庙临江澳。

西顾麦盈畴，东观浪高屋。

风景惬登临，威灵集祈祝。

惟神德聪明，居民仰亭育。

鬼魅严防闲，善良俾安燠。

虔承上帝心，广赐苍生福。

终古绵馨香，春兰接秋菊。

尸位窃牺牲，我民何从禄。

神听默无言，窗外莺啼竹。

游吴冲泾记

清·王蔼如

去县治南七十余里，有吴冲泾；泾水之长可数里，东合申江，西入莺脰河。

其间曲折萦迴，荡漾纡徐，非竟日游殆不能悉。

微风徐来，流若织纹，忽然而怒，锵鸣金石，变迁万状，与时推移，无以穷其胜概。

由泾西望，村落棋布，葭荻环周，百步一折，犹龙蜿蜒；其东则烟起渔舟，帆集瓜布，怒涛如山，远树如荠，赏胜搜奇，心神凝释。

与梳羽曝沙之鸟，掉尾狎浪之鱼，同其意趣。

古之人其有乐乎此者耶，今之人其有乐余之乐者耶。

暮归为记，既述其乐，且志吾乡游息之所，斯泾最也。

吴冲泾渡西船碑记

清・王蔼如

黄浦，故楚春申君就封邑所开，潭三吴水利者重焉。

顾襟江带海间，潮汐最近，风涛汹涌，不可为梁。于是循浦南北为东西渡者数十百处，吴冲泾渡其一也。渡东南汇县，其西则上海某图。

里中耆姓王、钱、张诸氏族，自前明即已造舟、募人，供津逮役。凡往来行李及乡里村墟咸便之。今兹窳漏，子宴或他鬻。将便民者奚赀便若佥曰:“是宜由旧而更新之”，乃陈于诸大吏。

一切蒇事，所以善其后者，仍诸家世为经理焉。夫事有玩而御丛，细已甚而患实巨者，一舟之繳，历十数世犹有食旧德，服先畴之遗风，俾我后嗣子孙毋废高曾规矩。

至若断港绝流，民乃病涉，风雨晦明，印须弗及，有济川之大志者，心窃忧之。是役也，由旧则易循，不繁则可久。

渡口西有斗姆阁，某从弟兆槐欲立石其中以永之，嘱余为之记。其复建章程及同人姓氏供刊于后，后之问津者亦将有感于斯文。

咸丰元年冬，里人乐山王蔼如撰

向山王兆槐经事　宛伊陈昌伊书

注：王蔼如，字乐山，清代文士。

民歌好比春江水

过去，吴泾塘湾地区有许多被人们津津乐道的民歌，字词曲调间流露出浓郁的地方与时代特色，其间既有喜庆洋洋的造房上梁时所唱的山歌，又有长寿秘诀，盎然成趣的乡情述怀，缠绵悱恻之男女抒情小唱，酣畅淋漓之史事评说，还有倡导大家爱护环境、讲卫生的民歌；更有劝人为善、劝诫大家不要沾染赌博陋习，家长不要溺爱孩子等的民歌。这里选录几则，以飨读者。

上梁山歌

在塘湾乡，旧时民间造房，有种习俗沿传：在上正梁时，泥水木工有套口彩吉语唱颂。

上下梁前，事主夫妇俩穿好崭新衣服，摆设香案，焚香点烛，铺上红毡毯。夫妇俩面北叩头，接着正梁运到现场，泥工木工就异口同声唱道："金梁请到华堂前，金台银台聚八仙。"

在绳系上正梁时，又颂唱："一根金带喜眉梢，师傅齐心扶上高。大头升到千年富，小头升到万年豪。玉臂纤手采仙桃，仙桃不是闲人采。须赖王母献蟠桃。"在走上扶梯时唱："脚踏扶梯步步高。"

在正梁按入榫位，用金锤（榔头）击合时又念道："一金锤一指高升，二金锤二梁金花，三金锤三元及第。四金锤四季发财，五金锤五子登科，六金锤禄福全享，七金锤七星高照，八金锤八仙献欢，九金锤九高登天，十金锤十美完善。”

把金锤掷地时又念：“金锤落地，状元、阁老齐出此地。”这时升炮，鞭炮轰响一时，另有一人将两盘馒头糕从正梁上抛向地上，看热闹的人都去抢（谓抢高），匠工们又念道：“抛梁馒头，像狮子抢绣球。抛梁糕，像满地金元宝。抛梁抛在东，日出东方一点红。抛梁抛在南，南海观音送子来。抛梁抛在西，金鸡扑翅引吭啼。抛梁抛在北，刘海金钱撒满屋。”这样上梁仪式就圆满完成，入席餐宴。

（共和村　李桂堂）

长寿歌

衣着整洁风度妍，新式也穿，老式也穿。
膳食烹调适三餐，细粮香甜，粗粮香甜。
居室布置宜人雅观，坐也安然，睡也安然。
晨起锻炼在旷野，快走三圈，慢跑去来。
书法练习情趣添，大写一篇，小写一篇。
下棋用脑益寿年，输也三盘，赢也三盘。
运动场上兜一转，这也去玩，那也去玩。
三五知己乐聊天，古也交谈，新也交谈。
儿孙活泼绕膝前，怡然欢畅，笑逐颜开。
夫妻亲昵胜当前，比胶还粘，比蜜还甜。
有害嗜好不沾边，烟也不吸，酒也不贪。

豁达大度心地宽，无拘无束，无忌无碍。
无忧无虑乐晚年，不是神仙，宛如神仙。

花名宝卷（摘选）

茶花开来早逢春，
媳妇贤惠敬大人。
孝敬公婆为第一，
自家也有做婆身。
保佑公婆添长寿，
门前大树好遮阴。
你若不把公婆敬，
生男育女也虚文。

杏花开来是春分，
孝顺男女敬双亲。
孝顺还生孝顺子，
忤逆还生忤逆孙。
不信但看檐前水，
点点滴滴不错分。
爹娘就是灵山佛，
毋用灵山见世尊。

桃花开来是清明，

夫妻恩义两相印。
丈夫不可嫌妻丑，
妻子不可怨夫贫。
只要大家心地好，
互相体贴结成亲。
男耕女织到白头，
夫妻恩义似海深。

蔷薇花开来立夏跟，
弟兄和睦过光阴。
家中自有亲兄弟，
何用外头结拜成。
三兄四弟各条心，
家里黄金化灰尘。

石榴花开来是端阳，
姑嫂做事要商量。
嫂嫂有事姑娘做，
姑娘有事嫂出场。
姑娘本是堂前客，
做嫂应该要贤良。

六月荷花开来伏中心，

邻舍和睦过光阴。
若有儿女相争闹，
各叫儿女转家门。
日日门前来相见，
何必今朝伤面情。
大人相争难得好，
小孩仍旧一同行。
远亲哪比近邻好，
急难之中叫四邻。

隔浜听山歌

姐在园里锴落苏，
郎在隔浜唱山歌。
郎啊郎啊侬勿要再唱山歌，
害我三十棵落苏锴　脱仔二十九棵。
（注：锴音同塔、锄意。落苏，俗名即茄子）

十二月山歌　农家乐

正月短、二月长，
要过三月清明落稻秧。
四月里厢种黄秧，
五月里厢"板耥梗"（稻田中除草），
六月里来热澎澎，

七月里厢七秋凉，
八月里厢黄金遍地生，
九月初九是重阳，
十月稻上场，
十一月牵砻做米纳官粮，
十二月粳米烧饭吃，
糯米做酒酿。

种田山歌

说种田，最为先，
柴米夫妻心里宽。
一家老小都忙碌，
种田种地合家欢。
男要勤来田种好，
白米棉花积几年。
女要勤来纱布好，
机头余布有衣穿。
一年种作多勤俭，
欢欢喜喜迎新年。

环境卫生要讲究

劳动干活要健康，要得健康把病防。
大家若要不生病，环境卫生第一桩。

许多病菌微生物，喜欢躲在脏地方。
环境越是不干净，它们的繁殖更猖狂。
垃圾粪便痰吐里，细菌都能把身藏。
有的趁人呼吸入肺内，有的暗潜吃喝入胃肠。
传染门路多得很，总是要害人生病损健康。

响应爱国卫生大运动，号召人民卫生讲。
因此上家家户户都动手，屋里室外搞清爽。
清洁卫生经常搞，脏水污物荡尽光。
垃圾粪便不乱倒，屋外填尽污水塘。
不让蚊蝇来繁殖，见到就要扑灭光。
到处干净污迹无，疾病着重预先防。
随地吐痰坏习惯，时时刻刻记心上。
尤其是公共场所车子内，平时行走在马路旁。
纸屑果壳不乱丢，记住心上放进废物箱。

环境卫生搞得好，人人健康有保障。
身体好，劳动强，爱国卫生要加强。
为实现四个现代化，重视卫生不能忘。
防火慎电很重要，一不小心遭灾殃。
触电事故须消灭，免得临事没主张。
爱国卫生经常搞，身体健康寿命长。

（金洪村　金关荣）

十劝郎

第一劝郎不要吃洋烟（鸦片），
吃上洋烟“料”（浪费）铜钿；
爷娘面前吵相骂，
小妹面前打哈欠。
第二劝郎要成双，
劝情哥哥勿要轧流氓。
轧仔流氓不学好，
年纪轻轻坐牢房。
三劝情郎三月天，
劝情哥哥良心摆正点，
弟兄淘勿要吵相骂，
千朵桃花一树开。
第四劝郎勿要吃醉酒，
酒醉相打拔拳头。
别人家拳头打在郎身上。
小妹房中急担忧。
第五劝郎五月天，
劝郎不要赌铜钿。
八把骰子全是假，
把把骰子输铜钿。
第六劝郎学正当，

劝情郎哥哥有铟去买衣裳。
着仔衣裳街上走，
郎着衣裳妹风光。
七劝情郎七秋凉，
情哥哥有钱买船撑，
郎有毛病坐船回，
煎汤吃药妹“助掌”（服侍意）。
第八劝郎八木樨，
情哥哥烟花巷里少去去，
长三么二野鸡窝，
堂子里全是烂料坯。
九劝情郎是重阳，
情哥哥不要到上海跑马场，
跑马场夷婆搭不得，
有铜铟买柴籴米养爷娘。
十劝情郎十月天，
长梢木头撑进来，
造起房屋多漂亮，
郎有风光妹有脸。

赌博害处实在大

一见赌具心里欢，两手发痒要赌钱。
三餐茶饭无心吃，四季生产不去管。

五更鸡啼回家转，六神无主不想眠。

七年恩爱夫妻散，八旬老母泪珠淋。

九赌十输家具卖，十（实）无办法卖住居。

十分苦楚无处讲，九（究）底为了赌铜钱。

八方四邻都受害，七十斤山羊顺手牵。

六亲无靠无人睬，五次拘留近百天。

四桩案件都有份，三年徒刑罪不宽。

二行泪珠脸上挂，一切为了赌铜钱。

独生儿女勿溺宠

养儿子不挑担，养女儿不烧饭。

早上起身晚，爷娘叫吃饭。

动筷还嫌咸与淡，揭放镬盖随手掼。

吃好饭，碗筷摊，爹娘讲眼睛弹。

面孔板个眼睛弹，爹娘自问“怎么办?”

（金洪村　金关荣）

第四篇章　黄浦湾畔蝶自舞

龙吴路旁的“五朵金花”

文/郝妍

曾经的吴泾是一幅流动的画卷，是一块充满红色精神和创业激情的土地，从黄浦江边籍籍无名的自然村落，到20世纪五六十年代拔地而起的大烟囱和厂房，再到21世纪初各大化工厂一一撤离，烟尘味渐渐淡去，却留下不少故事和传奇。

当年矗立在龙吴路旁的 “五朵金花” （资料图片）

这里，不仅书写下了新中国化工行业浓墨重彩的一笔，也造就了闻名全国的“五朵金花”。

梦开始的地方

沿龙吴路北上，靠黄浦江的一侧是吴泾化工业的“五朵金花”所在地：上海碳素厂、上海焦化厂、吴泾化工厂、上海电化厂（后为氯碱化工股份有限公司）、吴泾热电厂。这“五朵金花”在半个多世纪的时间内，为上海的工业生产和市民生活，作出了巨大贡献。而这还得从20世纪50年代初讲起。

新中国刚成立不久，经济基础薄弱，虽说是一个农业大国，但却连化肥都无法自已满足需求，常常处于“吃不饱”的状况。1956年在党的八届二中全会期间，国家决定在第二个五年计划中兴建一批国产化的大型氮肥厂，这个光荣而艰巨的首建任务交给了上海，最终确定将吴泾“老俞塘”地段作为吴泾化工厂厂址，从此，中国化工发展史掀开了崭新的一页。

1958年1月上旬，我国第一个自行设计、施工的大型氮肥厂在吴泾地区兴建。同年6月，吴泾化工厂基建正式动工，仅仅一个月后，第一幢厂房就拔地而起。1960年6月，国内第一套年产2.5万吨合成氨装置动工兴建。1962年11月20日，吴泾化工首建的中国第一套自主设计、自主建设、自主安装和自主开车的年产2.5万吨合成氨高温高压装置试产成功，生产出首批质量达到一级品要求的硫酸铵化肥。这一激动人心的消息，引来了新华社、人民日报等各大新闻媒体竞相报道。1963年9月26日，吴

吴泾化工厂（资料图片）

泾化工厂通过了国家对一期工程的验收，建成投产，从而结束了中国化肥完全依赖进口的局面。

1958年，吴泾炼焦制气厂也正式创立了。它的创立背景是鉴于上海当时的煤气普及率仅为3%，以及上海钢铁发展的需要，所以上海市政府决定新建年产90万吨焦炭的炼焦制气厂。1959年9月，1号焦炉推出第一炉焦炭，11月起向市区供应煤气。1960年“吴泾炼焦制气厂”改名为“上海焦化厂”。

同样是在1958年，6月1日这一天，上海碳素厂成立了，它由公私合营后的三家工厂合并改组而成，1960年建成投产。作为当时全国四大

吴泾焦化厂 （资料图片）

碳素厂之一，上海碳素厂为华南地区钢铁企业提供着重要的电炉炼钢材料——石墨电极，见证了国家钢铁工业的发展。当年的碳素厂就镶嵌在一大片农田里，墙外是稻穗飘香，炊烟缕缕，墙内是罐塔高耸，机声隆隆，一派繁忙兴旺的景象。

同时，为了给吴泾化工区内的企业供电、供热，吴泾热电厂也在1958年孕育而生。

上海碳素厂 （资料图片）

吴泾热电厂 （资料图片）

上海氯碱总厂 （资料图片）

至此，“五朵金花”当中的四朵都在1958年这个充满激情的年代诞生了。最后一朵虽然比他们晚了一年，但其背后的历史底蕴却相当深厚。1929年，中国近代史上著名的爱国实业家、“味精大王”吴蕴初先生为了解决生产味精所需的原料供应难题，创办上海天原电化厂有限公司，开辟了中国电化工业新纪元。由此，中国的氯碱工业在上海滩蹒跚起步。1959年在吴泾建立了上海天原化工厂吴泾分厂。1960年更名为上海电化厂，成为后来的中国氯碱行业排头兵。

而为了方便当时在吴泾化工厂、上海电化厂等企业上班的员工，1958年开始，吴泾地区就持续兴建了不少职工家属宿舍，如“吴泾一村”“吴泾二村”“吴泾三村”等居民区。

激情燃烧的岁月

当历史的车轮前进到了20世纪70至90年代，吴泾这片工业热土上，放眼望去尽是一片欣欣向荣，积极进取的繁荣景象。从一开始解决“吃饱饭”的难题向如何“吃好饭”转变。

1974年11月，吴泾化工厂建成了国内第一套轻油转化年产8万吨的甲醇装置，实现了用“油头”生产甲醇。这在当时是甲醇生产的重大历史突破，迈出了与国际化工靠拢的一步。1979年12月30日，我国自行设计、制造、安装的第一套大型合成氨装置——年产30万吨合成氨和24万吨尿素联动装置在吴泾化工厂试车成功。这套30万吨合成氨和24万吨尿素联动装置，连同之前的年产2.5万吨合成氨装置、年产8万吨轻油转化甲醇装置在吴泾化工厂的建成投产，使得该厂在民族工业发展史上留下了浓墨重彩的一笔。吴泾化工厂的合成氨工艺从此写入了教科书，同时这“三个第一”也成为新中国化学工程史上的三个里程碑。

1975年，电化厂一举攻克金属阳极工程项目，成为国内第一家年产烧碱超过10万吨的氯碱企业。1978年，电化厂设计制造了国内最大的金属阳极电解槽，1983年烧碱产量达到15万吨。1987—1989年，通过一系列的技术改造，烧碱产量达到20万吨/年。至1990年，电化厂生产烧碱、液氯、盐酸聚四氟乙烯、氟制冷剂系列等17种产品35个品种，全年生产化工原料超过100万吨，是当时国内最大的氯碱生产厂。随着国家改革开放政策的不断推进，上海30万吨/年乙烯吴泾工程破土动工。1987年5月21日，依托上海电化厂，成立上海氯碱总厂。黄浦江边再次沸腾起来。

1990年4月16日，李鹏总理亲赴上海为30万吨/年乙烯工程剪彩。他说，上海乙烯工程是依靠自筹资金、引进国外装置进行建设的，既是自力更生的成果，又是改革开放的成果。此工程被喻为“东方奇迹”，铸就了氯碱腾飞的基石。

1966年至1975年，上海焦化厂2、3、4号焦炉相继投产出焦。1985年2月，39万m^3/d煤气工程竣工投产，1991年7月，“三联供”一期经国务院正式批准建设，并确立为上海市实现城市煤气化重点项目。1993年，5号焦炉投产，日增煤气40万立方米，1994年，建成U-GAS炉和德式古炉，再增气130万m^3/d，焦化日产煤气达320万立方米，成为上海市最大的煤气厂，占全市46.5%。产品注册商标为“上焦牌”（SJ），“上焦牌”

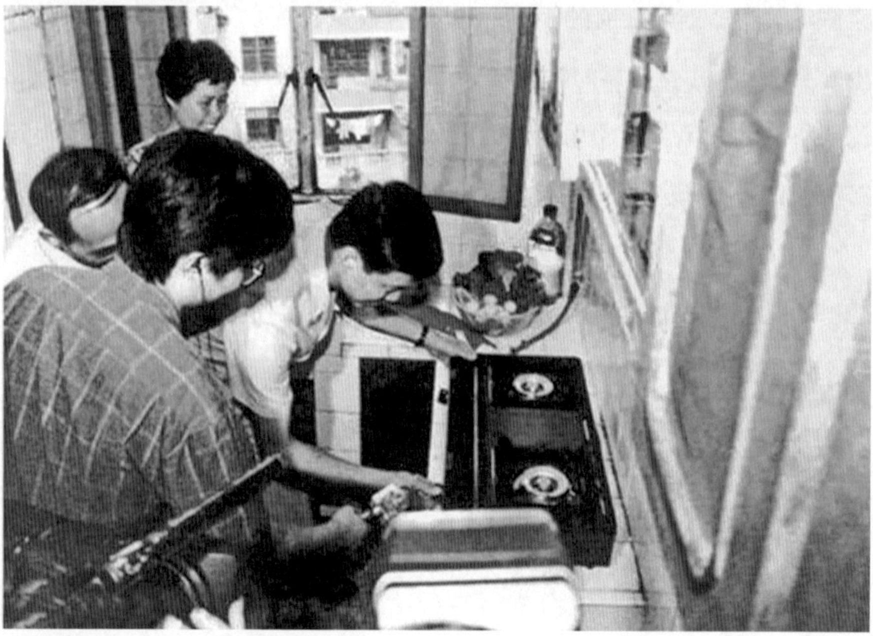

上海市民用上煤气 （资料图片）

甲醇获上海名牌产品称号，与"上焦牌"苯酐同为上海化工名优产品。就这样，上海焦化厂走上了不断壮大发展的历程。50多年来，焦炉从一座发展到六座，支撑着上海城市管道煤气的"半壁江山"，还帮助上海市民甩掉了80万只煤球炉。

成绩和产能的大幅度提高，使得吴泾这"五朵金花"成为那个年代年轻人追求和渴望的目标。当时的上海碳素厂，厂里有3000多名职工，每天上下班，浩浩荡荡的，宛如一道移动的风景线。那时的年轻人从学校毕业后，都以能分进碳素厂上班为荣。上海碳素厂生产的石墨电极当时远销5大洲近20个国家和地区，为军工和科技尖端研制了多项新材料，获得了许许多多的荣誉。

破茧成蝶新征程

作为一座国际化大都市，进入21世纪的上海在追求转型，产业结构也逐渐从以工业为主的"偏重结构"，向以服务业为主的"轻盈身形"转变。这也冥冥中注定了上海的化工产业发展将会有重大的转变。

2000年，上海吴泾化工厂正式实施债转股，成为由上海华谊（集团）公司等四家公司出资构成的有限责任公司，并更名为上海吴泾化工有限公司。吴泾化工根据华谊集团将吴泾基地建成循环经济、绿色化工和产业化示范基地的战略和企业自身建设发展的需要，决定退出由新中国首套2.5万吨合成氨装置扩能至12万吨的合成氨装置生产。尽管该装置还在盈利，但吴泾化工仍然以"壮士断腕"的决心推进节能减排。2006年，吴泾化工被国家发展和改革委员会确定为全国千家耗能大户之一、上海十家重点能耗企业之一。2007年9月12日，吴泾化工宣布12万吨合成氨装置正式停产。这台合成氨装置“退休”后，吴泾化工减少了5个系列产品品种，损失年产值3亿元，裁减1200个就业岗位。但每年减排工业废水160万吨、工业废气3亿标准立方米、固体废弃物3.8万吨、二氧化碳30万吨，每年减少能源消耗约24.6万吨标准煤。从长远来看，这次“壮士断腕”般的停产，其社会效益将远大于经济效益。

吴泾化工在做了节能减排、减员增效的举措同时，并未陷入生产和发展的困境。他们积极发展醋酸产业链，实现从合成氨等传统产品向高附加值醋酸系列产品的转变。2007年6月，吴泾化工利用自主技术，自行设计制造、自行安装施工建成了一套达到世界先进水平的40万吨/年大型醋酸生产装置。与此同时，吴泾化工的另一拳头产品醋酸乙酯也在与醋酸的发展齐头并进。醋酸自主技术的应用成果和醋酸乙酯自主技术分别获得了2004年和2005年上海市科技进步一等奖，申请了50项专利，获得多项上海市发明创造专利奖，填补了国内同类技术的空白。经过“一退一进”的大手笔调整，吴泾化工被评为2007—2008年度上海市花园单位。

而上海氯碱总厂的战略转型和调整的步伐从1996年上海市人民政府第54次常务会议决定在金山、奉贤交界处建立化学工业区开始。这次上海化学工业布局的战略调整，对于先期在金山漕泾圈地的氯碱人来说，无疑是天赐良机。1999年6月30日，上海氯碱人，再次扮演着拓荒者的角色。作为启动上海化学工业区的标志工程，天原化工厂搬迁工程在该区B3地块举行开工奠基仪式。2000年2月28日，在苏州河边的天原化工厂全面停产，告别苏州河，奔向杭州湾。2000年10月31日，天原化工厂迁建工程全部建成。

上海焦化人也在改革转型的过程中展现出了敢为人先的精神。从1982年到1990年，焦化公司从最基础的管理抓起，连续迈上了合格企业、无泄漏企业、清洁文明工厂、化工部6号企业、国家二级企业、国家一级企业的台阶。20世纪90年代的时候，焦化人用一种壮士断腕的精神，告别了计划经济的体制，建立起适应市场经济的经营机制和管理机制，成为国有企业改革的先行者。20世纪90年代末，国家大力推行现代企业制度改革，焦化公司再次顺应这一发展浪潮，1997年改制为有限责任公司。2014年，上海焦化厂与上海吴泾化工有限公司进行了资源优化整合，更名为上海华谊能源化工有限公司。

碳素厂最终被中国钢铁集团收购，在原址厂房基础上，全面升级改造，走上了华丽转型的新征程。今天的上海碳素厂，已不见沥青翻滚，浓烟密布，取而代之的是现代化的影视文化项目，碳素厂将打造成上海优质的综艺影视产业基地。

随着吴泾化工区的转型升级，吴泾热电厂也逐渐将部分机组关停，目前，剩余4台30万千瓦机组仍在运作。2008年至2014年，响应国家环保政策要求，吴泾热电厂开始了新一轮环保大改造。通过环保技术改造，对排放的烟气进行脱硫、脱硝等处理，从而降低污染物的浓度；同时，完成了“以大代小”改造，将原来90年前投产的老机组全部拆除改造成两台300MW燃煤供热新机组；2016年至2017年，吴泾热电厂再次投入2亿资金，通过高效协同除尘改造、脱硫脱硝提效等技术改造，进一步提升环保改造的强度和力度，将运行的4台机组全部达到超低排放标准，即达到燃气机组的排放水平。

曾经的吴泾热电厂是化工时代背后的支持者，如今，当化工区蝶变成为科技时尚特色小镇，吴泾热电厂也在进一步加强环境保护的同时，探索供给绿色能源、环保能源的新可能。

就这样，吴泾的“五朵金花”，黄浦江边的化工热土，在新世纪开启了新的征程。曾经象征工业时代的“五朵金花”被寓意吉祥的“五谷丰登”代替，即“东方硅谷”（紫竹高新区）、金领谷、中国梦谷、莲谷、放鹤谷。如今的吴泾黄浦江畔已不再是尘雾缭绕，空气刺鼻的化工厂集中区域，而是生产、生活、生态“三生”融合的特色小镇。

蝶变之路

邢传凤

花开是一个过程，从种子到花朵绽放是个蜕变。

闵行是上海现代工业文明的发源地之一，上海化工业“五朵金花”（上海碳素厂、上海焦化厂、吴泾化工厂、上海氯碱厂、吴泾热电厂）是闵行吴泾曾经的代名词。说到吴泾，在老一辈上海人脑海里跳出的可能

2019 上海时尚文化节现场 （镜姐摄）

是工业里的烟囱林立、空气中弥漫着化学品的味道……曾经有一种说法，“走在龙吴路上，闻着味道就知道到吴泾了。”但这些都是老皇历了。如今走在龙吴路上，哪有过去刺鼻的化学品的味道，反而绿化越来越好，生态越来越美。

吴泾，作为上海的一个老工业区，过去一直被人们忽视它本身的美，而经过岁月的沉淀，如今的吴泾洗去纤尘，尽显江南的独特时尚之美。

废弃工厂华丽转身

吴泾化工厂的化肥生产线已经停产；焦化厂过去是上海供气大户，上海一半的煤气来自这里，现在焦化厂6个煤气锅炉都歇工了；氯碱化工吴泾厂区也停产了；碳素厂搬离上海了……随着上游产业的停产、搬离，以上游产品为原料的下游化工厂也会慢慢搬离吴泾。

曲吴路上原来有一家“青上化工”。工厂附近小区的空心铁栅栏用根筷子就能戳出个洞，常年停在化工厂附近的轿车，车牌边框会出现斑斑锈迹。这家化工厂后来关门了，直到2011年年底一家投资公司租赁了原“青上化工”已废弃的工厂，这家企业引进的是创意产业，这和吴泾镇的发展思路吻合。在不改变原有建筑的情况下，通过重新设计，将旧厂区改建为“中国梦谷——南上海文化创意产业园”。改建后的建筑有12栋，原来的化工厂车间变成了文化科技基地、品酒坊、Loft办公空间、造梦空间、秀场、创意工坊、体育馆……

过去的吴泾，以老工业区而闻名；如今的吴泾，科技和时尚相得益彰。2017年8月，吴泾镇获批住建部第二批全国特色小镇名单，“科技时尚”便是它的标签。在上海市9个国家级特色小镇中吴泾镇是面积最小的一个，也是离中心城区最近的一个。

时尚产业汇聚

2016年4月14日，莲花南路时尚文化产业基地正式启动。吴泾的时尚产业之路走得“水到渠成”。因为吴泾集聚了一批大型的服装企业，鼎鼎大名的森马、衣恋、拉夏贝尔都落户在吴泾。很多人认为服装行业属于传统的劳动密集型行业，但这里的服装企业不是传统意义上的服装厂。这些服装企业的“智慧和头脑”在上海，生产加工在外地。它们的管理中心、设计研发力量集中在吴泾。

在吴泾镇的“十三五”规划中提出，依托莲花南路服装时尚产业基地，面向消费升级需求，吴泾将积极推动服装制造企业转型，促进“制造”向“智造”升级、“制造”向“服务”延伸。支持企业加大新工艺、新材料、新款式的研发力度，引导有关企业跨界发展，着力打造制造服务融合、价值链向高端环节延伸的时尚产业集群，让时尚成为吴泾的新“名片”。

除了服装业外，在莲花南路上还有一个莲谷全球化妆品中心。这个中心致力于整合化妆品行业相关的实验室、检验检测、原料供应商、生产方、机械设备制造商、包装制造商、设计工作室、品牌公司、分销渠道商等资源，打造一个可持续发展的化妆品产业集聚园区，实现产业链上下游的优势互补。政府支持企业创新，建设集化妆品研发、设计、创意、检测、培训、营销于一体的时尚与科技相结合的品牌发展平台，使化妆品品牌企业向园区集聚。除了服装、化妆品，吴泾还有影视广告制作基地，许多广告、综艺节目都是在阿荣影视基地拍摄的，常有明星来吴泾拍片子。吴泾集聚了一批行业中优质的企业，已经具备了时尚产业的雏形。在上海打造国际时尚之都的大背景下，吴泾建设时尚产业基地正当其时。

吴泾科技时尚特色小镇正通过产业的升级转型不断加快“蝶变崛起”的步伐，瞄准“科技创新高地、文化时尚先锋、转型发展标杆、产城融合典范”的目标，打造黄浦江畔产城融合的特色小镇。2019年吴泾研究制定了“一轴两带三区”的产业布局，后续将继续紧抓吴泾镇产业脉络，聚焦“科技+时尚”两大产业集群，重视区域内提升重点园区发展能级，加快推动空间改造、功能升级、服务提升、配套完善，加快完善吴泾镇产业配套、综合配套保障建设，使这里真正成为科技时尚特色小镇产业的重要功能承载区和资源要素集聚地。

金领谷科技产业园（资料图片）

吴泾科技时尚小镇培育建设已在产业基础、形态功能、人才支撑、品牌建设等方面形成了一定的基础，吴泾已基本实现了从工业区到科技时尚基地的蝶变。

开启时尚新生活

许多吴泾人都深有感触，近年来吴泾镇的环境越变越好，生活越来越便利，幸福指数明显提高。

为提升吴泾时尚产业的能级和影响力，吴泾镇成立了“沪尚衣柜”品牌联盟，进一步汇集国内外时尚企业以及时尚设计、时尚展示、时尚传媒、时尚体验、时尚培训等上下游产业链，不断拓展吴泾时尚的内涵和品质，推动区域产业品质不断提升。

不仅是产业，吴泾人的生活也很时尚。“森马杯”市民健康行从2012年开始每年都在吴泾举行，每次都会吸引近万人参与。这个活动旨在为广大市民提供更多的机会参与到全民健身活动的热潮中，尽享运动欢愉。

近年，吴泾先后举办了“蝶变·浦江湾”吴泾时尚文化周系列活动、吴泾区域时尚生活旅游周、文化名人看吴泾、吴泾区域为梦想再出发主条迎新等活动，展示了吴泾建设科技特色小镇的资源和面貌。

自2018年起，闵行区文旅局与吴泾镇携手，依托吴泾镇“全国科技时尚特色小镇”平台，汇聚优秀文化，联动特色园区，融合文旅资源，开展时尚文化展示交流活动，以时尚带动文旅产业发展再上新台阶。

时尚文化节中尽情展现衣食住行中的时尚元素，相互融合，相互促进，发掘吴泾时尚变迁中所蕴含的海派文化和“泾彩”文化，成为集合各种特色元素于一体的时尚文化盛宴。整个科技特色小镇都萦绕着时尚的浓郁氛围，引导市民感受独具吴泾特色的时尚生活。2019年金领谷科技产业园还整合了地区文化和时尚服饰资源，推出“上海衣柜”，让大家享受到实实在在的优惠。

时尚文化节是对上海时尚文化风貌与潮流形态的梳理与展示。也呈现了一代又一代闵行市民缔造幸福生活的奋斗足迹，更表达了吴泾镇作为国家级科技时尚特色小镇对美好未来的无限展望。

吴泾街道和塘湾镇撤二建一，组建新的吴泾镇已20年有余。20年不懈奋斗，20年华丽蝶变，吴泾正在向世界展示“浦江第一湾”的“泾彩”，吴泾科技时尚特色小镇正在向着前方努力奔跑！时尚一直在变化，但我们对“美好”的感知，对美好生活的向往永远不会改变。吴泾的未来不可限量，潜力无穷无尽。

紫竹：崛起的背后

张　颖

在吴泾，在“浦江第一湾”，一座耀眼的科技新城已然拔地而起。这座科技新城有个响亮的名字——紫竹高新技术产业开发区（以下简称紫竹高新区）。

2002年，紫竹高新区刚开始建设时，谁也无法确定，在这样一片阡陌相连的农田中，会建起一座初具规模的、具有现代化气息的科技新城。

2011年，紫竹就已正式升级为国家高新技术产业开发区，园区入驻

紫竹高新技术开发区 （资料图片）

企业425家，英特尔、微软、可口可乐、中国商飞、中广核集团等30多家国内外知名企业纷纷将地区总部和研发中心设立在紫竹高新区。外界评价说：紫竹园用短短9年时间，走过了一些国家级园区10年甚至20年才走完的路。

2020年，紫竹在全国高新区中综合排名11名，9年实现“八连跳”，以闵行区1%的面积，创造了10%的税收，承担起上海建设“具有全球影响力创新中心”的使命。

“八连跳”背后的坚持

紫竹高新区一期规划面积仅13平方千米，在规划成立紫竹高新区时，国内有6000多家区级以上的开发区，即使后来经过清理整顿，还有3000多家。在这样的行业背景下，规划面积小、缺乏区位优势的新兵紫竹高新区，竟然用短短九年时间就成为全国唯一一家民营运营的国家高新区，如今更是实现了当初许下的那句“给我20年，给你一座科技城”的承诺。其崛起的背后究竟有什么秘诀呢?

和一般的产业园区相比，紫竹的资本结构比较特别。园区由政府、大学、企业等共同投资组建。其中上海紫江（集团）有限公司股权比例为55%，政府占40%股份，上海交通大学占5%股份。民营经济股份所占比例之大，国内罕见。

这种开放式多元化股权结构，集成了政府、教育、科研、资本、产业等优势，实行民营机制的紫竹，在决策、用人、激励、捕捉市场机会和经营管理上更适应市场化竞争，优势也得到了更充分的体现。

如今的紫竹高新区（资料图片）

2002年，紫竹园区先后与上海交通大学和华东师范大学签署“校企共建协议”，投入10多亿支持两所大学整体搬迁至园区附近，大手笔令人震惊。

整建制引入两所这么好的大学，在国内并不多见，对当时的紫竹来说，不能简单地用一句“魄力大”就能解释的。

事实证明，这一步走得太对了。名牌大学带来的品牌效应和潜在价值是不可估量的，两所高校在微电子、软件、纳米、生命科学等领域的优势，直接成为紫竹最成功的六大主导产业，微软研究院、英特尔、欧姆龙等跨国企业研发机构纷至沓来。

为了申请国家级高新区资格，紫竹高新区坚持了四年，北京就跑了

50多次，困难重重。好在从2002年到2008年这段时间，发展已经初见成效，未来预期也很明朗，紫竹人充满信心。功夫不负有心人，紫竹高新区终于在2011年成功获得国家级高新区称号。

跻身进国家级高新区不容易，更不容易的还在后头。

169家国家级园区，每年都要就产业规模、社会责任、国际合作、创新能力、知识产权、人才高地等各个方面进行综合排名，这个排名是园区综合实力的最直观的体验，也给了紫竹不小的压力。

2012年第一次排名的时候，紫竹排名在28位，在之后的几年，紫竹抗住压力，排名逐年上升，一点一点往前挤，在2020年，已经实现9年“八连跳”，跃居全国第11名。2020年技工贸总收入841.4亿元，相较于2010年，增加了将近四倍。同时财政总收入达到了75.8亿元，相较于2010年增加了12倍多。

这是实力的证明，紫竹已发展成为区域乃至上海经济增长新引擎，对保持上海经济和转型起到了重要支撑作用。

共赢是最好的服务

很难想象，这个国家高新技术产业开发区曾经是一片片稻田，泥巴小路，鸡犬相闻。园区地处闵行西南，交通非常不便。

“要致富，先修路”，交通问题必须得解决。在闵行区政府的支持下，紫竹高新区建立了园区内的穿梭巴士，并引进了一些公交路线。公交车进乡村，需要花费的运营成本可想而知，面对这个问题，紫竹答复：“就是亏了也要进来，园区来补贴”，就是抱着这样的信念，才基本解决了职工乘坐公交上下班的问题。

巢筑起来了，企业入驻了，却发现空有园区没有相关的配套措施，这怎么发展的起来?

紫竹高新区投资建设了两个公共餐厅，贴钱给餐饮公司为员工提供价格优惠、多样可口的饭菜。又考虑到很多白领来不及吃早饭，偶尔还要加班的情况，餐厅内早晚餐也相继开出来了。

2009年，闵行区政府投资4.5亿，再加上园区的3.5亿元，共同建设了拥有华师大紫竹幼儿园、附小、附中、高中四位一体的紫竹基础教育园区，基本解决了园区内员工子女教育问题。此外，还投入40多亿元建设了紫竹国际教育园区，满足白领、高端人才的进修需要，更好地培养战略性新兴产业和现代服务业创新人才。

紫竹园能吸引世界500强公司设立研发中心和地区总部，决定因素之一还在于优质的服务质量和服务水平。

做好投资和工程项目服务，可以使项目早签约、早投入、早建设、早运营。比如，对到紫竹高新区投资的企业或者投资者，在企业开办的时候，就免费为他们在最短时间内办理证照、编写法律文件。投资者只要提供必需的证明和签字文件，除非必须企业代表到场，其他事情全部由紫竹代为办理。原本需要3—5年才能走完的审批流程，在紫竹介入后只要1.5—2年。

在获知一些著名跨国公司有扩建意愿时，会拿出决断魄力，花大手笔提供企业所需的服务，让他们愿意扎根紫竹。比如，在英特尔建造自己的研发中心时，面对英特尔提出的资金困难问题，还有其他开发区的竞争，紫竹果断花了3亿多人民币建造英特尔一期，英特尔公司再每年通过

夜幕下的紫竹产业园 （资料图片）

付租金的形式逐步返还。

紫竹的决断魄力让英特尔这样的大项目愿意落户紫竹，这些大项目也对紫竹的产业能级、技术升级、经济税收等因素产生重要影响。

创新构筑“东方硅谷”

踏进紫竹国家高新区展示中心的大门，最显眼的就是“给我20年，给你一座科技城”这句话。紫竹高新区目前的建设面积只有8.68平方千米，可能是全国国家级高新区里最小的，今后再扩区的可能也不大。在这么小的园区，该如何实现这个伟愿？

紫竹借鉴了一个发展模式，那就是美国硅谷。在逐梦科技新城的过程中，紫竹想要展现给大家的，就是要成为东方的硅谷。

将高校引入园区，并非紫竹的首创，但紫竹却牢牢"盯"住了这个优势。两大高校作为"智囊中心"将汇聚百名两院院士、千名教授和万名科研人才，以及超过5万名本科生、研究生和博士生的人才储备量，如此人才高地所具备的智力能源将不可估量。

想要实现目标，光靠人才还有科研成果可不行，必须得实现盈利。2003年园区投资6亿元，建设紫竹信息数码港，人才、科研成果得以在此汇聚交流，也从这儿迈出了转为现实生产力的步伐。落户园区的一批科研成果，已经打入了国内国际市场，为园区带来不菲营收。

紫竹高新区在建园之初就确定招引"研发、创新"型项目为主，不同于国内一些园区大力引进"短平快"项目，紫竹高新区以严格的入驻门槛，持续招引和培育高附加值的创新型项目。

在发展模式上，注重培育新兴企业，鼓励人才创新创业，逐步实现"招大"和"扶小"两手抓，为本土的双创产业提供发展空间和资源。目前已与英特尔、百合网、人民网、百度等国内外知名行业龙头企业签署战略合作协议，孵化培育产业链上下游的小微企业。截止2020年年底，紫竹高新区的有效发明专利拥有量占全市的12.94%，内资注册资本690.81亿元，培育海内外上市企业8家，独角兽及潜在独角兽企业5家，高新技术企业253家。

路漫漫其修远兮，建立运营科技城是一个持久战，从前期资源导入、功能构建、环境营造、企业创业孵化、企业培育成长到产业生态、创新生态、园区生态，形成可持续的自我造血能力，这本身就是一个漫长的过程。在这一过程中，需要有坚定的立场、一以贯之的信念和耐得住寂寞的信心。当一个科技城真正建立起来之后，创业企业带来的活力经济、企业成长带来的经济效益、人才集聚带来的商业效益、园区带来的品牌效应，将形成一个源源不断、良性循环创造价值的生态体系。

相信在不久的将来，紫竹将成为一个人才荟萃，有生活品位的科技新城，成为一个生态的、人文的、科技的东方硅谷。

好地方呀，好风光

马尚龙

阳春三月之际，我踏进了吴泾镇。

先去了吴泾镇的共和村邻里中心，听说那里的邻里中心建设很出色。去之前，我一直不明白邻里中心会有什么“惊艳”之处，不就是现在的调解纠纷便民服务文化娱乐？“邻里中心”的魔力在哪？还没有走入共和村邻里中心，先看到了进进出出的村民很多，问他们对邻里中心的看法，他们却是把邻里中心当成“客堂间”。原来邻里中心还真是一幢“巨无霸”级的“客堂间”。“客堂间”的称谓很是亲切，一是客堂间有浓郁的本土气息，二是客堂间就是自己家的一部分。

共和村“邻里中心”位于共和村斗姆组的地界。从龙吴路伍玲宾馆南侧大路进去。有一栋占地约650平方米的建筑在周边一片低矮的旧屋中分外显眼，有鹤立鸡群之感。这就是2017年2月起开放的共和村邻里中心，它也是继吴泾镇虹景一居、吴泾新村已经建成的两个社区邻里中心后，建在农村宅基地的第一家邻里中心。可辐射全村4300多位村民。

走进邻里中心，不管你是喜欢孵孵空调看电视、海阔天空嘎讪胡，还是喜欢打牌下棋，学做丝网花，或者想跳跳广场舞，扭扭海派秧歌、练练太极拳柔力球，样样都能得到满足，所以会吸引那么多人乐而忘返。哪怕是幼儿园的孩子也有一片小天地，在阅览室的一角专门铺设了色彩鲜艳的泡沫垫，可以让孩子在这里翻翻跟斗，尽情撒欢。暑假期间，阅览室的人气就很旺，尤其是那32本一套的民俗文化丛书，让许多学生感受了源远流长的传统文化的魅力。

有位姚金英阿婆，91岁，虽然腿脚不便，很喜欢每天到这里来“报到”。还有94岁的褚芳琴阿婆，尽管大腿骨折正在康复中，也坐着轮椅车来了五六次，老人说，家里太冷清，这里每天能看到几十年的老邻居，大家其乐融融，感觉又回到了当年走东家串西家，彼此亲密无间的老辰光。

一个早上见到了好几个九旬老人，吴泾人长寿。老人长寿了，子女上班忙碌了，邻里中心成为了老人的客堂间。它的定位就是“守望、互助”，为老人提供一个聚会、休闲的新天地，这对于提高老人的生活质量有明显好处。当然邻里中心的使命远非为老人服务一项。我看到的是村民宁馨的生活，我看到的是美丽乡村的建设。

吴泾镇的几个村的村名蛮有意思，我去了共和，又去和平。

踏进和平村的村宅，有一种很奇妙的感觉。所谓村宅，就是村民们的居住群落。吴泾镇目前还有八个自然村落。和平村村宅外是莲花南路和放鹤路的交界，卡车往来频繁，还有尚未完工的地铁工程，多多少少有点杂，但是只不过是那么几步，从马路的人行道寻径而入——是村宅口的小路，一下子安静了下来，人也不由得放慢了脚步。

小路两边是老式的瓦房，虽然是有点年份了，木门都已经爆出了蛮粗的裂纹，窗也是木窗，但是很是干净，远比那些故意做旧的景点老屋来得真实亲和。老屋的里侧，是别墅一样的一幢幢小楼，很新，也很气派；这是和平村村民自家的房子。

再走几步，看到了农田，是农民的自留地。和平村是一个名副其实还有农田农地的村庄。在我看来，这农田像是绿化一般，与春天非常合

和平村里的和平大院（资料图片）

拍。事实上，农田的远端还真是和平村的绿化，让初来到的人分不清农田和绿化的彼此。

走近了，发现一条护村河才是“楚汉两界”。在白洋滩桥看看桥下的河水，一定是活水，只有活水河才会如此清澈。问了知道是流向黄浦江的。河面上除了些许树叶和落花证明着春天的生机勃勃，没有任何污秽之物，倒是河水在阳光下蒸发，我闻到了春草的清香。

近中午时分，村宅中少有人，应该都是出工的出工，上班的上班，读书的读书。我很想要找个人攀谈几句。一转弯倒是看到了，一位年事已高的老太太就坐在自家瓦房的门沿。围了个饭单，戴了副袖套，还是几十年来养成的生活习性。我问老太太高寿，老太太回答，九十三岁。老人的耳聪目明，完全看不出她的实际年龄，还与我聊起了家常。倏忽间我就想到了陶渊明的《桃花源记》:“阡陌交通，鸡犬相闻……黄发垂髫，并怡然自乐。”我当时就为老人拍了几张照片，上传到微信朋友圈，写了这么一句：和平村九旬老太太三连拍。上传之后，很多朋友问我这是在哪里？当然这里不是桃花源，这里是吴泾镇的和平村。

当然这里也是生态型美丽乡村建设的示范点——闵行区仅此一家。

我以为和平村几十年来一向是如此的安宁、静谧，一向是如此的河水清澈，小路整洁，一向是如此的老屋亲和。陪我参观的主人纠正道，以前完全不是这样的。主人指给我看小路老屋前的一米多宽的印痕：老屋面前一米多宽的印痕，原来就是违章搭建。要不是主人这么告知，我还以为是时尚文化的标记，因为村内的这一条“宽带”，在一片宁馨之中，倒是凤凰涅槃般地别有意蕴了。

还有这一条护村河，原来也不是这样清澈，还会蒸发出来春草的清香；农村里的小河浜你应该知道是怎么样的。

走出村民居住群落，又来到了马路对面的村委会。和平村党总支书记奚清章打开窗，让我环顾四周。奚书记带着浓郁的闵行本地口音，指给我看四个方向：这是放鹤农谷，这是自然村庄，这是樱桃公园，这是邻里中心；一共是880亩地，现在还是在规划和建设中。放鹤农谷这一块地，208亩，侬晓得伐？就是闵行打响整治“五违四必”第一枪的地方。

顺着奚书记所指，其实我并没有看清什么，但是“五违四必”我听清楚了，闵行区的第一枪我也听清楚了。

凡是可以称作为“第一枪”，一定是一个重大战役的开端；凡是重大战役，一定是艰难困苦的。

闵行区的五违四必攻坚战的第一枪，打响在吴泾镇，吴泾镇五违四必的第一枪，就响起在放鹤路的208亩五违现场。

随着城市建设的高度发展，违法用地、违法建筑、违法经营、违法排污和违法居住的“五违”也逐年蔓延，成片违法建筑构成的“城中村”，常年黑臭的河道，百姓生活和城市生产的隐患……严重阻碍了城市的发展。

群众的痛点和呼声在哪里，整治的第一现场就在哪里。上海凝神聚力“补短板”，一场环境综合整治攻坚战就此全线打响。

时任上海市委书记的韩正同志指出，补短板不是一项就事论事的工作，而是整体工作的重要组成部分，与上海坚持人口、建设用地、环境、安全四条底线密切相关，与当好排头兵、先行者的同时，推进各方面协调发展密切相关。

闵行区吴泾镇的整治五违战役开始了。

放鹤路208亩地块的“五违”整治，作为闵行区重点整治地块，坚持一拆到底，高效整治，快速复耕。2016年5月启动，7月中旬拆除侵占河道的违法建筑，9月拆违工作全面铺开，10月底拆除地块上违法排污、无证物流及无证无照经营等违法建筑10万平方米。到目前为止，累计拆除违法建筑205344平方米，清退各类企业和拆除村民违法建筑375户。其中：拆除企业违法建筑164285.06平方米，清各类企业206户，清除违法用地349.5亩：拆除村民违法建筑147户，拆除违法建筑面积18983.44平方米；曲吴路600号厂区内拆除违法建筑6687.30平方米，产业结构调整清低端企业22户。

如果说放鹤路208亩拆违是“陆军野战军”在开辟战场，那么在水务水系整治方面，就是“海军陆战队”在疏通巡逻了，为进一步沟通水系，加强水资源调度，改善和平村区域水环境，对荷花浜、白洋滩、南潮江、秋家河、万家河等7条段河道进行综合整治，整治内容包括疏浚河道2150米，疏浚土方2.9万立方米，新建护岸3281米，新建桥梁8座，种植绿化3.3万平方米，新建栏杆及人行步道4公里，铺设生活污水管道11500米、雨水管道2500米、窨井150只，基本实现水清岸洁。

数字是枯燥的，但是数字是最有说服力的，也只有亲历了改变数字的人，才能切身感到数字证明了整治五违的变化之巨大。

2017年4月6日上午，上海电视台记者在采访中获知：在“五违四必”的整治过程中，和平村共计拆除了20多万平方违建，和平村主任陆顺忠更是评上了拆违先进个人。作为此次拆违先进，和平村的变化有目共睹。

记者参观了整治后的河道及民宅。河道蜿蜒流长，干净整洁，村宅四周绿荫围绕，老百姓对现在的居住环境也赞不绝口。记者随后采访了几名村民，村民们在接受采访时表示，当初对拆违工作从不理解到支持配合，再到现在对居住环境的满意，村领导们做出了很大的努力，并表示今后要从自己做起，维护现有的整洁环境，让我们和平村更美好。

要采访闵行区的美丽乡村，一定要采访吴泾镇，要采访吴泾镇的美丽乡村，一定要采访和平村，因为和平村是上海美丽乡村的示范点，全闵行仅有和平村。

和平村位于吴泾镇的西侧，莲花南路的两侧。在樱桃河西，剑川路北、淡水河东、俞塘江南。1954年2月成立初级社——新联社，1956年1月把原有初级社更名为和平大队高级社。1958年人民公社成立后，成立了和平大队，并划分了14个生产队。1979年10月和平村一分为二——分为南平村和北平村。2002年，南平村和北平村二村合并，恢复原名——和平村，生产队也相应恢复了原名。

“和平村”，是一个多么好的村名，一个家庭，一个社会，一个国家，什么最贵？和平最贵。

让我最惊讶的、也是和平村最“显摆”的是，和平村至今保留着“村”的最原始最本质的意义，是一个名副其实的村庄，有农田，有耕种，有河浜，有村民。要知道，和平村距离徐家汇仅仅20公里之遥，周边都是工业园区，唯有和平村农田芬芳，这在上海市区并不多见。美丽乡村的首要标准，就是一个村字，作为闵行区的美丽乡村示范点，当然有其非常独特的努力非常独特的体会。

那就要采访和平村的当家人，党总支书记奚漕章。我知道，奚书记还身兼吴泾镇的水务站站长，和平村的水道清澈，肯定也是和他有关，他是领导，也是内行，他对和平村河道的熟稔，就是专家。

我对采访奚书记充满了期待。只是我对他的采访，几乎是在碰壁中开始的。陪同采访的小舒告诉了奚书记我要采访美丽乡村。奚书记眉头一皱：么（没）啥好讲，侬去村里看看就晓得了。我补充说，我很想知道和平村美丽乡村建设的规划。奚书记仍旧是这句话：么（没）啥好讲。做好了的事情么啥好讲，还没做，或者刚刚开始做的事体，更加么（没）啥好讲，要做好了再好讲的。他这一句“么（没）啥好讲”，就把我的采访“拒”之门外了。

奚书记给了我一份和平村的发展规划，他说，这里面不是他一个人的想法，而是和平村村民的明天。接着就在他的办公室里，他开窗为我讲解和平村，这时候，他话多起来了，并且充满了自信，从放鹤农谷讲到自然村庄，讲到樱桃公园，讲到邻里中心……和平村的明天、和平村美丽乡村建设的图纸，都装在了他的心里。

我佩服这么一位话不多、脾气有点倔、很踏实、思路很远的和平村当家人我听从了奚漕章的建议，在和平村的土地上，寻找和平村的昨天，了解和平村的今天，在和平村美丽乡村建设的规划中，透射和平村的明天。

走出村委会大门，我仔细看了院墙上的宣传和布置，有“和平村村规民约”和“和平村村民自治公约”，都是“三字经”的形式，押韵的大白话，朗朗上口；和平村还有一个“村标”，有屋檐，有流水，中英文对照，与“美丽乡村”四个字相辅相成。主人不无得意地告诉我，这个村标，是和平村自己设计的，我们这里藏龙卧虎啊。

如今的和平村，美丽乡村建设已显雏。从去年年底开始，和平村按照疏浚一段、整治一线、带动一片的思路，加大对村庄环境改造的力度，对四个村宅8500余平方米的道路进行全部硬化，做到户户通水泥路或柏油路；对村宅道路及农户庭院采用太阳能路灯亮化，安装路灯55盏，计划今年年底前还将加装45盏，实现村宅所有道路太阳能路灯全覆盖；进行道路边坡修整，通过填土护砌、加设围栏、种植绿篱实现花园式的庭院、庄园式的菜田；村宅外墙粉刷53000平方米，建成文化墙300余平方米，使得环境更整洁；新建公益性停车场7处，新建公厕两座，整修垃圾房、新建健身场所，并修建了一处村民休闲的小公园，使得配套更齐全；增设技防设施，加装限高装置，设立门岗安保，使得安全更放心。

这也就是为什么和平村的村宅给了我非常宁馨的原因了吧。村宅保留了农村的传统格局，但是又引入了当下社会的必须。我看到了一些已经执行的村规很有意思；暂且就选几条：禁止村宅内农户及租借户在公共道路以及宅前宅后搭建厨房及烧水灶具；村宅前后及绿化带内一律不得堆放建筑材料及其他东西；村宅内由村统一安装晾衣架，每户1—2件，共147户；道路两侧严禁安装水龙头，水斗等，原先安装在外的一律改到里面……怪不得，我在村宅里闲走，完全看不到往昔农宅的旧貌，倒是看到了柏油路和路灯，还比如一个弯角进去，就是一个村民的公共停车场，这样的公共停车场有7个，面积都不很大，但是足够村民泊车了，与此同时，私宅都没有车库，既传扬了村宅的传统模式，也保证了村宅内的交通舒畅与安全；还有，非常齐整美观。这就是美丽乡村中很微小的元素。

美丽乡村不是一个空泛的称赞，而是有标准有高度有层次有评比的建设。美丽乡村建设分为整洁型、宜居型和生态型三种类型。如果说，整洁型美丽乡村可以通过短时间努力而达到，宜居型美丽乡村那就是注入了人文理念，将人的生活的舒适、便捷、安全等等相关要素，作为建设的首选；而生态型美丽乡村，则是将人与自然、人与科学、人与环境、人与世界、人与人的和谐生存关系，作为建设的置顶式的考量，这才是生态型美丽乡村的目标。和平村恰是闵行区美丽乡村的示范点，恰也是吴泾镇的唯一。

仅仅拥有生态型的村宅是远远不够的，美丽乡村是要将美丽播种到乡村的每一寸土地之上，然后尽情绽放。

于是，我就从和平村的村宅走向放鹤路，走向莲花南路，那里的美丽乡村建设正在全面展开。

放鹤谷（资料图片）

放鹤路北侧208亩地块上近日也忙碌了起来，工人们借助工程机械，将水泥地一点点打碎撬开。这里的违法建筑在2016年9月就已全部拆除，如今再一次整治，是为了让这块土地恢复耕种的条件。

这里也就是不久将来的放鹤农谷所在。

在放鹤谷的设计蓝图中，我看到了吴泾人的理念和抱负。这一个放鹤农谷将成为本地及国际旅游目的地，按照设计目标，最大限度地发展上海和闵行区的绿色空间，实现一个符合生态学和经济学的景观设计，通过人性化，针对性的设计语言，为居于城市中心的居民提供更多趣味体验的城中花园，通过视觉和自然感受让游客融入花园环境，放松身心、放慢生活节奏，体验身边的美好。

还有那一个比邻莲花南路村宅的樱桃公园，如今已经是一个小型植物园，春草任性，无人为雕琢，颇有点野趣，却几无游人。身为上海人，我不知道吴泾有这么一个悠然休闲之处，更不知道的是，吴泾将以这一个植物园作为基础，扩展建设成为一个樱桃公园。吴泾人的美丽乡村眼光，不局限在吴泾本身的生态，而是放眼整个上海。完全可以想象，这一个樱桃公园落成后的魅力所在。它距离徐家汇，很近，很郊野。

和吴泾镇其他几个村落一样，和平村美丽乡村建设的另一个浓墨重彩之处，便是和平村的和平邻里中心。我亲历过共和村的“超级客堂间”，有了对邻里中心的感性认识，也就对和平村的邻里中心规划产生了浓郁的兴趣。和平村将打造一个集邻里和谐、文化传承、功能丰富、文娱创意、多层次景观空间的和平邻里中心。它的功能非常宏大，有文化讲堂，有创意工坊，有广场花园，是一个接地气、承传统、与时俱进、力求创新的和平大院。对了，这一个邻里中心的名字就叫做“和平大院”。生态型的美丽乡村，最高的境界，就是和与平两个字。

我们应该将这几张“美丽乡村”建设蓝图，组合在一起，会有这样的发现：它不再仅仅是一个村宅，一个农谷，一个樱桃公园，而是一个名副其实的、令人心驰神往的生态型美丽乡村。

这是和平村，同时又不是和平村，它是吴泾镇。也不仅仅是吴泾镇，它是闵行区。也不仅仅是闵行区，它是上海市美丽乡村的示范点。

在吴泾镇，总共有八个自然村落，将以和平村为参照，继续打造宜居的“美丽村庄”。恰如吴泾镇党委书记杨其景满怀信心期待的那样：把我们老旧面貌的村庄焕然一新。我们想在和平村做一个试点，就是美丽村庄改造完了以后，会成为吴泾时尚产业，涵时尚文化中的其中的一部分，我们把农业都做成都市农业市民休闲农业，它透着时尚的一些气息在里面，让市民来看看，哦，原来吴泾还有这么好的地方可以去。

一江一湖间

刘成荣

相较于虹桥商务区的高楼林立，城市中心夜晚的霓虹绚烂，同属闵行的吴泾镇，生活节奏仿佛慢了不少。黄浦江途经此处，蜿蜒向北流去，形成著名的浦江第一湾。漫步在浦江第一湾公园，明媚的阳光、平整的草坪、耳边的欢声笑语，一切都是那么安适惬意。

浦江第一湾的滨江步道 （镜姐摄）

就在这浦江第一湾的旁边，2019年9月，声势浩大的兰香湖建设项目正式开工。这个人工开挖的湖泊占地40万平方米，约合600亩，是当之无愧的“闵行第一湖”。十个月不到的时间，在2020年6月，滔滔黄浦江水正式引入兰香湖，由此，“一江一湖”横贯东西的兰香湖“生态新地标”正在闵行南部清晰展开。

最美滨江沿岸

2018年，闵行提出将进一步规划完善黄浦江滨江生态发展带水系布局，并开始启动占地面积600亩的紫竹半岛兰香湖的建设。纵览上海的发展史，每一次的拓展，都离不开这滔滔不绝的黄浦江。建成之后的兰香湖与黄浦江相对，住在附近的居民，便可江景湖景兼得。

附近新开发的楼盘虽定位的是中高端社区，但兰香湖公园却是开放式的，周边居民均可来此游玩。手扶栏杆，站立在湖边，向前方眺望，碧绿的湖水宛如一块无瑕的翡翠。夏日的午后，市区里的空气混合着汽车尾气，空气仿佛静止，而兰香湖的岸边，微风带走行人脖子上的汗珠，留下一抹凉意。低头向近处的湖面看去，不知名的鱼儿成群结队，很是活泼，扭动的身姿仿佛在欢迎来此游玩的人。沿着湖边漫步，树影斑驳，映在行人的身上，沙沙作响。向前走，眼前突显一座桥，平缓的坡度似是专门为步行设计的，桥边树木的枝丫向湖面弯去，颇似柳树。此情此景，好似白居易当年春游钱塘湖所感：“最爱湖东行不足，绿杨阴里白沙堤。”

兰香湖护岸总长度约3778米，将近4公里的距离，开车环湖一周的时间不过十来分钟，还未好好欣赏湖景，便已结束，骑车游湖便成了最好的选择，所以除了人行步道，骑行道早已被纳入建设的范围内，就紧挨着人行道。如今，附近居民常在傍晚时分约上三五好友，扫码打开岸边的共享单车，环湖一周，慢慢骑行，微风徐徐，聊聊天，白日里的疲惫就此卸下。

走近精致生活

除了滨江湖景带来的闲适，这将近4公里的湖岸线还将串联起商业街、文化艺术长廊、赛艇俱乐部、兰香湖酒店等景点。根据规划，未来围绕兰香湖还会建设十多个景观，赛马、皮划艇、龙舟等水上运动项目也将逐步开展。项目还将结合每一个主题区段融入各具特色的景观设计元素，有花阶坡道、观景平台、亲水步道、悦动舞台、景石雕塑、临水驿站等等。多元化的功能满足从孩子到老人，居民到研发人员，创业者到大学生的各种休闲娱乐需求。

未来的发展图景可以想象，而当下的生活配套也是相对完备的。随着轨道交通15号线的开通，紫竹的居民出行更加便利了。距离兰香湖1.2公里的紫叶广场则满足了附近居民的消费所需，多条公交途径的公交站紫叶路紫星路距其仅200米。商场内的各类店铺满足了人们的基本需求，一楼餐饮涵盖了茶饮、小食、面包点心等，足以填饱饥饿的肠胃，二楼的儿童乐园可为家长们带来欢乐的亲子时光，除此之外影院、便利店、手工DIY也是应有尽有。试想一下，周末的午后，和朋友相约紫叶广场，看一场当下的热门电影，结束之后再去一楼的餐饮区，点上一杯半糖的奶茶饮品，吸上一口，甜味给身体带来满满的幸福感。晚餐亦可在此寻觅，精致

兰香湖 （资料图片）

的日料便是个不错的选择，寿司、三文鱼，寿喜锅，不出商场，也能来一趟舌尖上的东瀛之旅。

从地理位置上看，作为上海市八大湖之一的兰香湖，也是距上海市中心最近的湖系资源，驱车四十分钟即可抵达人民广场。如此便利的交通，面朝浦江第一湾，背靠兰香湖的“兰香湖壹号”是真正的江景与湖景兼得。这个定位国际生态社区的在建楼盘体现了兰香湖周边的未来发展态势。

期待的生态社区

兰香湖在其外形的设计上别具一格，酷似钥匙的湖体形状，寓意紫竹拥有了一把打开城市新生活风尚的钥匙。兰香湖的美，是一种无法言说，但却融入我们日常生活的舒适，在这样的湖边，仿佛拥有了一方宁静。穿梭于市中心高楼大厦间的白领，工作日忙忙碌碌，身心疲惫，正需要身处兰香湖畔，凭栏临风，放空自己。这里的建设虽未完全成型，但新的街区图景可以想象。丰富的河湖资源，毗邻原有的浦江第一湾公园，兰香湖上的小桥，湖畔的错落有致的植被都预示着这里将会成为一处生态社区。

规划之初，这里的被拆迁的农房和征用的农田便不是为商业大楼所准备的，生态宜居是这里的主题。兰香湖建成之后也不是一个孤立的存在，在它的周围，还将开挖一些新的河道，区域的水系资源将更加丰富，居住在此处的居民未来也将实现出门便可漫步河畔的愿望，婆娑树影，虫鸣鸟叫，宛若行走在静谧的森林里。居民届时亦可在河边的宽阔绿地寻一小处地方，带上自制便当，与最亲爱的家人来一次野餐，嬉笑玩闹间享受美好生活。这样的时光相信对于身处繁华上海的大多数来人说，实属难得。

道路两旁，小河弯弯，树木苍苍、绿草葱葱，而不远处便是碧玉般的兰香湖。行走在这里，可以感受到一种恬静的氛围，兰香湖犹如六月的西湖，风光不与四时同。

远处建设中的高楼大厦正在拔地而起，在宽阔的原野里，显得格外的耀眼。眼前的一派田园风光，透着一种自然野趣、一份怡人的色彩，让人在不由自主深呼吸的瞬间，内心变的宁静。

从此，“泾”彩生活

郭　浏　曾金辉　杨绣丽　王晓玉

位于闵行区最南面的吴泾镇有着黄浦江美丽的一湾，它呈现“L”字形，湍急而奔流的江水把吴泾镇揽抱其怀，仿佛碧青的翡翠，嵌入上海南方的版图。

从前，上海人讲到吴泾，往往就会想到吴泾化工厂，或者是吴泾化工区。而如今，曾经的化工重镇历经半个多世纪的变迁，有了另一番模样。

徜徉在黄浦江边，欣赏着春花，沐浴着秋阳，发现原来吴泾的天是蓝的、水是清的、绿化率也很高。碰到雾霾的日子，这里竟然天朗气清，不少人还在第一湾的步行道上悠闲地散步。这里的老人长寿，这里的家园美丽，这里的河道清澈，这里的志愿活动和文化生活丰富多彩……

踢踏舞出“泾之韵”

每当暮色降临，在各个社区、广场活跃着一支支广场舞队伍，这已经成为当下社区文化的一道亮丽的风景线。广场舞的队伍多，可跳踢踏舞的就不多了，在吴泾就有这样一支中老年踢踏舞队——“泾之韵”。阿姨们跳起踢踏舞来，舞步轻快活泼，队形整齐优美，可不让年轻人。

2003年，这支由二十余位吴泾的阿姨组成的踢踏舞队正式成立了。

队员中有动迁农民，有市区搬迁居民，还有外来媳等，但之前都没有接触过踢踏舞。刚练的时候大家都觉得新鲜，但要把握好踢踏舞的精髓——节奏就很难了。跳踢踏舞不同于广场舞常跳的交谊舞或秧歌，特别需要腿部力量和腿脚灵活性，其节奏和力度，完全靠脚跟、脚尖和脚掌等不同部位与地板的打击。这对大家是个严峻的考验，一开始连三十分钟都坚持不下来，而排练更是枯燥，要将一个个节拍分解开来练，漏一个节拍就要重新来过。但是对踢踏舞的热爱，让她们坚持了下来。

现在基本每天晚上，“泾之韵”都会在舞蹈房排练，连节假日也不例外，一般从晚上6点练到8点半，有时甚至会到9、10点才结束，最后跳到舞蹈房的地板都换过两次。而要参加比赛，往往至少需要3个月才能练好一支新的舞蹈，那段日子更是没日没夜地泡在舞蹈房。

虽然练习很累，可是“泾之韵”舞蹈队就像一个大家庭，大家相处十分融洽。有时练习晚了，大家还会轮流带吃的来分享。有几个队员从闵行搬到了淮海路后，每天下班仍旧大老远赶过来练舞。而且由于踢踏舞排队型、对节奏的特点，每次排练队员们一个都少不了，所以十几年间许多队员都没有出去旅游过。有一次，一位阿姨连钱都付了准备出去旅游，却碰上比赛，她便为了比赛放弃了旅游。

功夫不负有心人，“泾之韵”在成立的当年，就参加了第一届闵行区踢踏舞大赛，并取得金奖。之后“泾之韵”更是连续三届获得长三角地区踢踏舞邀请赛金奖；2015年获第十四届闵行区创作节目汇演舞蹈类第一名；2016年获上海“跳跳舞”App杯广场舞团体现代舞一等奖，同年还代表吴泾社区，飞往宝岛台湾，进行艺术交流……

踢踏舞让阿姨们越来越年轻，越来越快乐，也让吴泾的群众特色文

2016年，“泾之韵” 舞蹈队赴台湾与台湾同胞进行交流（资料图片）

化越来越充满魅力。

“一米阳光”，照亮美丽家园

信步走进吴泾新村居民小区，到处绿树成荫，新铺的沥青马路，经过雨水的洗刷，清爽得让人忍不住想要奔跑，房屋墙面粉刷一新，鹅黄中点缀着粉红，带着春天的气息。

然而，在孙国权这个老支书的眼中，吴泾新村当初在吴泾是出了名的“难弄”，几乎可以说居住环境最差，老年人比例最高，低收入人群最多，邻里矛盾最大。“刚来时，居委会8个办公室，没有一扇门是有锁的，因为他们敲门都不用手。居委会里每天吵吵闹闹，鸡零狗碎的矛盾五花八门……但是，既然我来到这个岗位上，就得负责到底。”孙国权平静的话语中有一种坚定的力量。

吴泾新村始建于1958年，46幢多层楼里住着2550户人家，厨卫多户合用率达60%，最多一梯10户，门中有门，家中有家。比起那些“白富美”小区，这里的住房条件实在是有些寒酸和局促。

随着吴泾镇经济快速发展，恰逢2014年市委一号课题“基层社会治理创新”的春风，一场旧貌换新颜的“平改坡”工程展开在即，然而少数居民却投下反对票，住房条件最困难的老丁是领头儿。任凭孙国权讲政策讲道理，苦口婆心磨破了嘴皮子，老丁就三个字：不同意。

过了两天，老丁却带着他的“统一战线”来签字了，孙国权一愣，一打听，原来是“一米阳光”团队的团长道明森和他的志愿者们去做了工作。老道没跟老丁讲大道理，劈头盖脸一通批：“你们家什么情况我不知道？撑着雨伞如厕，穿着雨衣做饭，做人不能太贪心更不能自私，政府做这么好的实事，你还带头儿捣乱，小心大家伙儿戳你的脊梁骨。”这就是“一米阳光”团队的优势所在，居委会干部不能说的，他们都可以仗义执言，而且还挺管用。

最初加入这个团队的只有26人，都是退休党员，大家为民服务的热情很高，都有一颗金子般的心。此后团队不断壮大，还吸纳了更多群众加入，团结了如今80多名可爱的退休志愿者骨干们。正是依靠这支党员带领的队伍，居民不出小区就能磨刀、修阳伞、配钥匙、理发……还可享受送餐服务。邻里中心让居民的大事小情都有人管，酸甜冷暖都有人问，成了老百姓第二个家。

现在，“一米阳光”团队声名远播，不仅居民们竖大拇指，永南、永北、氯碱小区的热心人士也都慕名而来要求加入。“我真的很感谢这些志愿者，他们有技术有觉悟，召之即来来之能干，跟他们在一起工作，每天都很有意义。”老道说，希望能把“一米阳光”带下去，而自己也能和团队一样越来越茁壮和富有活力。

七彩志愿，缘起一根“捞杆”

在浦江第一湾的转角旁，有一座吴泾公园，江木扶疏，江水洁净。而就在这里，流传着“一根捞杆”的传说。

20多年前，这里有着一番不和谐的“景致”：由于地处江水回旋死角，垃圾杂物都洄流至此，那时，水面上常常漂浮着成片的塑料袋、泡沫饭盒，甚至烂木头和动物尸体。

最早的打捞发起人王显明老人（资料图片）

这种景象后来被一位名叫王显明的老人改变了。这位孤老每天无论刮风下雨，都会手拿捞杆打捞江面垃圾。冬去春来，年复一年，老人还慢慢摸索出了黄浦江流经吴泾段的涨潮时间，自己动手绘制出了一份《黄浦江吴泾镇段潮汐表》。2003年1月27日，弥留之际的王显明念念不忘：“黄浦江的水大家都要喝，保护母亲河的活儿不能停啊！”

接过这根“捞杆”的第二位志愿者名叫吕信荣。他曾找到王显明师傅，主动拜他为师。王显明病逝后，吕信荣接起了这根“捞杆”。四年中，他和吴泾镇环保志愿者打捞出400多吨浦江垃圾。

后来，张更大和张炉仙夫妇也加入进来，成了“第三代”传承人，而且一干就是十几年。老人还自制了一辆铁丝网做成的垃圾车。2009年的元宵节，老人在江边捞垃圾时不慎摔倒，一根手指被划破，甚至露出了骨头，但“硬气”的老人只是到医院简单包扎了一下，又回到了黄浦江边继续完成打捞。2014年年底，张更大被查出身患重病，才被迫放下了手中的“捞杆”。病床上的张更大，指定金枝根当队长，希望他成为“江边守护人”。

为了稳稳接过这根“捞杆”，吴泾镇文明办决定发挥镇域内园区、社区、校区、厂区“四区”的力量，组建“王显明保护母亲河俱乐部”。志愿者们每月农历初一、十五轮流到江边打捞垃圾，每季度开展一次环保主题活动。从一个人，到一群人，队伍如滚雪球般日益壮大，2017年左右，累计参与打捞活动的志愿者已达19万人次，人均服务时间12.3小时，打捞各类垃圾3500多吨。

从一根捞杆到成百上千的志愿者队伍，如今的吴泾镇，已经形成1+2+7+18+X的志愿服务的格局。1是代表1个志愿联盟，2代表社会服务中心和志愿服务中心，7代表有7个1号里·邻里中心，18代表有18个社区服务站，X代表志愿服务基地和若干志愿服务团队，注册志愿者达到近1.4万名。

星星之火，可以燎原，七彩的志愿精神有如日月星辰，照耀着人们前行。

择良木栖，养寿育儿

吴泾镇上有两位寿星很出名。一位是出生于1910年的唐根余老人。另外一位是比唐老小了几岁的朱彩娥老妈妈，生于1916年。

两位耄耋老人都一直住在吴泾地区。唐老先生如今的居室在镇上的双柏小区里，三个儿子，一个在国外，两个在陪伴着他。除了有点耳背，他身体上几无大碍，2016年进入了上海市“十大寿星”之列。朱老婆婆住在新华村里，喜欢室外活动，几年前常到小区的健身器材上要弄一番。她喜好编织，自己身上的绒线衫，还是亲自手工织成的。

吴泾地方出了长居于此地的高寿之人，这不但让吴泾人很开心，也更有了一份放心。由于曾是化工厂集聚之地，当年说起吴泾，上海人就会有点谈虎色变。这个“虎”，其实就是指的化工行业对自然环境的污染。近三十年来，该地区的治污工程很给力：搬迁、改造双管齐下，整治河道、扩大绿化、科学管理多头并进，吴泾的生态环境有了很大的改观。一个地区，有了清的水、绿的地、洁净的空气，也就养成了高寿的子民。

在每一个和谐幸福的家庭里，老人是福，儿女是宝，所以民间有谚道，百善之先是为孝，百事之先应为教。吴泾地区的教育资源，也甚是丰富而优良。

吴泾镇的历届带头人，一贯重视教育。在最近的二三十年间，通过从外部引入名品大树（各级成熟的名校）、在内部注重培育良才（优秀的青年）的内外兼修方针，将一个镇级地区发展成了令人瞩目的教育重地。

继交通大学在吴泾地区设立分部之后，华东师范大学的主要校区也扩建到了这里；由“九三学社”创办的东海学院，就毗邻于华东师大。享誉全国的华东师大二附中在吴泾紫竹园区先后设立了初中部和高中部，其中初中部不设门槛，实施就近入学政策，一批又一批的吴泾子弟，接受着这所名校的优质教育。

教育要从娃娃抓起。吴泾镇所开办的幼儿园，也一样办得风生水起。其中紫竹幼儿园，由闵行区人民政府、华东师范大学和上海紫竹国家高新区三方合作共建，是闵行区教育局直属公办幼儿园，彰显了“快乐教育”的先进理念。由原吴泾小学与吴泾三小“撤二建一”组建而成的新学校——闵行区吴泾实验小学，不但是“上海市足球精英训练营基地”，还是由上海市教育电视台与上海市电教馆共同创立的上海市学生影视创客基地。

拥有这样一些优秀的教育资源，吴泾地区理所当然地成了“孟母三迁”的理想之在。近数年来，大批购房客涌入这片宜居之地，以求让老人在天蓝云淡的环境中安度晚年、增福添寿，让孩子们更健康快乐地成长，争取更好的前途和发展。

有人说，吴泾的未来不是梦；而其实，吴泾的今天就很美好，人们在这里过着江畔的“泾”彩生活。

未来不是梦

李伟长

2016年4月19日，对大多数上海市民而言，或许是一个再普通不过的日子，但是对吴泾镇人民来说，这是一个注定在日后会被经常提起的具有纪念意义的大日子。这一天，闵行区委、区政府发布了《闵行滨江地区统筹发展管理体制方案》。这份具有前瞻性的发展方案明确提出：滨江统筹区域为116平方公里，吴泾镇37.6平方公里全部纳入该范围。这是一个强烈的信号，更是剑指未来的令人振奋的信念。纳入滨江地区统筹发展，意味着吴泾镇迎来了发展的良好机遇。

夕阳下的吴泾滨江大道 （资料图片）

滨江地区是闵行未来发展的重点区域之一。早在2013年9月，闵行区委、区政府就成立了闵行区滨江地区开发建设领导小组及办公室（简称“区滨江办”），围绕滨江发展战略、发展定位、结构规划和体制机制等前期研究，开展了大量工作并取得了一些初步成果。为了更好推进滨江地区开发建设，区委、区政府还成立了滨江管委会，统筹该地区的经济发展和开发建设。对照滨江方案发展规划，可以预见未来的吴泾有着无比宽广的发展空间。未来的整个发展格局已然布好：对标主城区、融入南滨江、联动大紫竹、打造第一湾。同时，依托上海南部科创中心建设，这里也将努力建设成为三个“转换中心”——科技成果转换中心、时尚创意转换中心、运动文化转换中心。

按照上海建设“四个中心”“中国（上海）自贸区”“全球科技创新中心”和迈向全球城市的总体要求，聚焦闵行“大紫竹”“大浦江”“大虹桥”发展重点，吴泾镇以改善民生作为出发点和落脚点，以建设“具备城市亲和力的创新型、生态型、现代化小城镇”为目标，以服务型政府建设为保障，力争到2020年，基本建成“四新经济”主导、产业能级高端、产城融合发展的先进制造业和战略性新兴产业基地；基本建成创新环境友好、创新要素集聚、创新功能凸显的科创中心核心功能区的重要承载区；基本建成城乡一体发展、生态绿色宜居、社会和谐包容、基础设施完善、公共服务均等、城市运营安全、文化特色鲜明、功能多元复合的现代化新城镇。

对标主城区

作为大都市近郊的吴泾镇，多年以来其发展定位因为地理位置和发展路径等多重原因多少有一些模糊，对标主城区的战略充分显示了吴泾镇对未来发展的自信，也显示出了对自身发展的高要求。对标主城区是核心战略，显然不是一句空话，而是实打实地提出了一个核心命题，如何对标，在哪些地方进行开拓，在产业升级方面该做出哪些堪称壮士断腕的努力。对标主城区则首先意味着不再自我降低，意味着一系列建设标准、发展品质的提高，成为上海“创新之城、人文之城、生态之城”的重要组成部分。这有一系列量化的核心指标，按照方案预期，在城市经济、综合交通、服务设施和低碳生态方面，到2040年也就是吴泾3.0版本的未来时期，吴泾镇将以全新的面貌出现在上海的版图中，其中高新产业和宜居条件将成为重要的参数。

如果说规划和设想中的经济数字指标稍显冰冷的话，那服务设施的量化则具有温暖和凝聚全镇居民人心的力量。到2040年，也就是二十多年以后，吴泾镇每10万人将建设有2家博物馆、5家图书馆、3家大型文艺演出场所和8家美术馆或者画廊。在低碳环保这方面，则更是让人向往，骨干绿道总长度将达到20公里，人均公园绿地面积将达到15平方米。对标的意义完全可以呈现出来。文化娱乐设施的数量和质量对一个城区居民而言，不仅仅是身体安放的需求，更是精神安放的需求。可以这样畅想，在不久的未来，驾车行驶在吴泾镇的骨干绿道上，迎着风，入眼的是满眼绿色。在周末时间，从小区出来不远处就是图书馆或者博物馆，享用着与中心城区一样高品质的文艺演出。

对标主城区从来就不是一蹴而就的，尤其是在目前的吴泾镇，人均公园绿地面积还只有7.6平方米、骨干绿道也只有10来公里的情况下，每10万人的文化设施还不到个位数。吴泾镇住宅组团用地378.9公顷，其中农村宅基地134.3公顷，城镇住宅244.6公顷。城镇住宅建设用地比重仅为8.3%，严重偏低。从这些数字就可以看出，吴泾人民还有较为漫长的路要走，还有很多的事情要做。但有了目标，就有了前进的方向。所谓师出有名，名正言顺，改变市郊的定位认知，对标主城区的设定，对吴泾而言，显然有着相当大的指导意义，不仅是融入了当前上海城市发展勇当排头兵、先行者的大潮，更是与国家城镇化发展战略相符合，可谓是天时地利人和，一应具备。

融入南滨江

同大多数城镇一样，吴泾镇过去的经济发展对土地依赖过大。据资料显示，吴泾镇的现有产业仍然是制造业为主，较为低端的制造业比例不小，如物流仓储运输等环节对土地占用较大，用以前的老话讲就是粗放型的发展模式，而像金融、文创等服务业赖以依靠的商务楼宇等土地集约型载体并不发达。另外，吴泾镇的特殊性还在于，还有农村经济业态，村级经济主要以物业租赁为主，“靠地吃地”，且土地权属关系复杂，入驻企业规模小而分散，产业、技术相对落后，影响吴泾产业转型升级。总体上看，吴泾镇的土地单位产出水平不高，陷入了土地紧张与低效利用并存的怪圈。

如何破局？怎么降低对土地的原始依赖，发掘新的着陆点，滨江显然是一笔巨大的财富。上海的母亲河黄浦江，总是在孩子们需要她的时候，敞开了怀抱，“十三五”期间，黄浦江开发将向上游延伸。这对闵行是一个好消息，特别是吴泾镇更是如此。吴泾镇地处黄浦江第一湾，区位优势非常明显。闵行滨江开发将为吴泾镇带来前所未有的发展机遇和想象空间，未来将成为吴泾镇创新驱动、转型发展的重要载体。从20世纪90年代起，黄浦江的开发最早从外滩陆家嘴的国际金融业开始，到2004年虹口区提出北外滩概念，主打国际航运中心服务链条；同年，徐汇滨江概念开始提出，世博会之后，徐汇区将徐汇滨江——后滩——世博前滩的版图线条串了起来，主打高端全球化文创产业，计划建设上海新的世界级商务区和城市滨水综合示范区；2010年杨浦区提出“杨浦滨江”规划，从工业现代设计和生产服务业集聚区的角度入手驱动杨浦区的转型发展。2016年，闵行滨江概念的酝酿推出，再次将世人眼光聚焦到了闵行区，人们很是好奇，闵行滨江将主打什么内容？地处滨江显要位置的吴泾镇又将如何融入南滨江的开发部署中去？闵行区委、区政府可谓高瞻远瞩，抓住了上海构建科创中心的战略，着重把闵行滨江的发展重点放在了科创方面，要打造成为比肩北外滩、外滩、前滩、后滩的黄浦江第一湾门户“上滩”，吴泾镇的紫竹将成为上滩核心节点。如此一来，黄浦滨江的金融、徐汇滨江的文创和闵行滨江的科创，既有差异化发展，又相互补充。

吴泾镇人民意识到了千载难逢的发展机遇，融入南滨江开发，是吴泾镇未来发展的重要课题。吴泾紧紧抓住了这次时代机遇，精心谋划，前瞻布局，不断加强与区、市的联动沟通，高标准、高质量参与和推动南滨江开发，以此推动镇域整体功能转型。打个比方，如果说滨江战略将黄浦江沿线的城区链接了起来，那吴泾镇则找到了插口，接下去的重点就是如何解决兼容问题，如何更好地融入而减少排异，让吴泾顺利地完成对接，从硬件和软件方面实现双向兼容。

根据吴泾镇的十三五时期发展思路，融入南滨江的未来规划，大力培育发展文化产业显然是刻不容缓。如何优化现有的资源配置，把存量改造，盘活与增量创新、扩张结合起来，是吴泾镇需要着力考量的问题，尤其是如何着力培育有创新能力和市场竞争力的文化市场主体。市场主体能否加入吴泾，需要综合元素的促进。吴泾计划依托“中国梦谷”南上海文化创意产业园，引进文化创意企业，形成新的产业集群，打造上海南部的文化创意新地标，成为吴泾产业经济发展新亮点。同时依托宝秀路影视基地，集聚影视制作、广告会展、文化演艺、艺术培训等文化类公司，错位发展影视文化产业。结合有关工业园区转型升级，因地制宜发展文化创意产业。推动文化与科技的融合，拓展文化产业发展空间，鼓励用高新技术推动文化产品生产。引导培育具有较强竞争力和影响力的文化服务龙头企业。

联动大紫竹：产业转型升级

未来的吴泾镇，将基本建成创新环境友好、创新要素集聚、创新功能凸显的科创中心核心功能区的重要承载区，联动闵行区大紫竹产业园区是重要的发展步伐。作为“大紫竹”功能区的核心载体，吴泾镇科技创新产业集聚已经形成一定规模，基础较好，也具有良好的发展潜力，未来有望成为上海南部建设全球科技创新中心的核心功能区和主要阵地之一。科技创新将成为吴泾未来发展的重要领域，吴泾镇未来将以紫竹园区、大学校区、中航商发大飞机等载体或项目为依托，着力营造利于科技创新的环境与氛围，打造完备高效的创新服务体系。

联动是一盘棋，是吴泾镇空间转型的重要内容。按照吴泾镇的规划，打造新型空间格局。将紧紧结合“西移、南合、北转，东开”发展思路，加快打造产城融合、功能优化的新型空间格局。产业方面主要集中在紫竹高新产业集聚区，化工区整体转型升级区，尤其是大紫竹扮演着不可估量的作用，在构建科创滨江的规划中，紫竹承担着高新产业集聚、孵化等任务。可以想见，在大紫竹的联动下和带动中，吴泾镇的未来制造业将会发生显著变化，曾经的粗放型制造业将会实现全面升级。

联动的目的是重点突破，实现均衡发展，最终目的是实现升级。吴泾镇将空间转型列为未来发展的重要思路。怎么去联动，自身的软件能否顺利兼容，吴泾人还要做功课，还要练内功。尽管蓝图已绘就，奋力本当时，但对吴泾镇而言，等着要啃的硬骨头可真不少，不少难题需要非凡的勇气和智慧去面对。比如怎么样有效地加强区镇联动，对接市里“4+1+X”重点区域调整思路，就很考验吴泾人的智慧。要前瞻性谋划吴泾镇域的总体空间布局和土地利用规划，推动“西移、南合、北转、东开”空间布局优化调整，争取吴泾化工区地块尽快实施更新，可不是容易的事情。还有推动建设用地减量化，推动104区块、195区域、198区域升级、转型和复垦；开展农村土地确权登记，明确村居无证土地的法律主体地位；探索建立生态红线制度，确保绿化空间不被挤压和自然景观不受侵占，等等，都不是简单的问题。甚至可以毫不犹豫地说，这些问题都不是新问题，难题由来已久。之所以久久未能解决，有客观的历史缘故，也有主观上的观念问题。在没有对吴泾进行整体规划和设计之前，这些问题是单个的、局部的问题，如今就成了整体系统中的一环。任何一环不处理好，就会构成循环，环环相应。有了空间结构转型，才有大紫竹的联动效应。有了大紫竹的联动，就有了高新企业和新兴产业的抬头。

在关于大紫竹的联动中，有两个项目很有代表性。一是民用航空配套产业集群，是相对传统的大产业。另外一个是中国（上海）网络视听产业基地，移动互联网产业的代表。传统实体制造业与虚拟互联网企业，在吴泾镇得到同等重视，可以看得出吴泾人的眼光。在一股脑儿投身新兴产业的当下，坚持传统和新兴不偏废，可以说具有相当的前瞻性和责任感。吴泾镇要打造的民用航空配套产业集群，主要是依托中航工业大飞机项目，发挥行业龙头的集聚带动作用，积极推进商用航空发动机的研发和制造，进一步提升制造业的能级。着力打造与民用航空产业相适应的服务支撑体系，提供全方位的优质服务和保障。加强航空配套产业发展，加快建设相关载体，引导产业链上下游企业集群集聚发展，形成航空配套产业相对集中的发展格局。

全国首个国家级网络视听产业基地——中国（上海）网络视听产业基地，就在紫竹高新园区。作为上海市“十二五”规划重点项目，由国家新闻出版广电总局正式批准，上海市文化广播影视管理局与紫竹科学园区共同建设中国（上海）网络视听产业基地。基地坐落于上海紫竹高新区研发基地核心位置，占地220亩，总建筑面积约40万平方米，投资规模35亿元。基地主体为涵盖研发运营、配套服务等功能为一体的综合楼宇群。目前由音像制作、数字影视、数字广播、数字游戏、数字广告、互动电视、互联网信息服务研发中心共7个区组成。2015年11月22万平方米投产正式启用，已吸收优酷土豆、新浪体育、东方明珠新媒体等入驻。值得注意的是，基地有一家紫竹创业孵化器ET空间，一期5000多平方米目前已投入使用，该空间聚焦网络视听及“互联网+”产业，已汇聚了许多企业家、创业导师、风投专家、孵化专家等担任“梦创导师”，开展梦创公

紫竹园区内的（上海）网络视听产业基地（资料图片）

开课、梦创讲堂、梦创研习坊等各类活动，为创业青年和团队提供更好的培训指导。

如果说项目是大紫竹联动的“血肉”，那交通网络就是联动的“筋络”，没有成熟的交通，联动也只能止于表面。吴泾深谙此理，加速构建了交通网络。首先就是城市轨道交通，15号线和23号线，共计有十个站点涉及吴泾镇。地铁15号线总长度约43公里，起止范围为顾村公园站至紫竹高新区站，一共30个站点。涉及吴泾镇3个站点（元江路站、永德路站、紫竹高新区站），已于2021年1月23日正式竣工通车。轨道交通23号线总长度约为28.5公里，起止范围为上海体育场至松江车墩，走向沿龙吴路至东川路往西连接15、5号线直至松江车墩。拟在吴泾镇范围设置7个站点，分别为墨江路站、元江路站、曲吴路站、永德路站、紫龙路站、江川东路站、紫竹高新区站，现正在规划编制阶段，计划2023年开工建设。加上配套建设的公交线路网络，地下、地上交通格局相互连通，道路网格基本成形。为即将腾飞的吴泾镇插上了飞翔的翅膀。

教育及其产业和配套设置则是最后的堡垒，除了可以为产业升级发展提供智力支持，还能够留住人才，改善人口构成。紫竹基础教育园区建设占地231亩，包括华师大二附中紫竹校区、紫竹基础教育园区（初中、小学及幼儿园）已建成，优质教育资源形成集聚。紫竹双语学校总建筑面积约16000平方米，已于2017年9月招生。紫竹国际教育园区总建筑面积约40万平方米，周边道路将于今年全部建成。目前已有上海交通大学–南加州大学文化创意产业学院、华东师范大学与法国里昂商学院合作举办的亚欧商学院、华东师范大学–海法大学转化科学与技术联合研究院、北京电影学院上海国际学院等院系，2017年正式入驻。紫竹半岛西区总建筑面积达150万平方米（含地下面积），可容纳近4万人入住，是一个集人文、生态及科技资源于一体的多元化大型国际生态社区。

未来的吴泾，将会是现代的，国际化的，传统产业升级与新兴产业齐头并进的园区，旧城改造与新城镇同步发展的热土，老居民与新人才引进的乐园。根本上，它是宜居的，绿色的，是具备城市亲和力的创新型、生态型、现代化的新城镇。

图书在版编目(CIP)数据

樱桃河畔 / 闵行区政协学习和文史委员会,吴玉林编. — 上海:上海书店出版社,2021.11
("发现闵行之美"闵行区政协文史丛书)
ISBN 978-7-5458-2118-5

Ⅰ.①樱… Ⅱ.①闵… ②吴… Ⅲ.①闵行区-概况 Ⅳ.①K925.13

中国版本图书馆CIP数据核字(2021)第231781号

特约编辑 徐晓彤 姚 尧
丛书策划 闵行区政协学习和文史委员会 明镜文化
责任编辑 邓小娇 王 郡
封面设计 包晨晖

樱桃河畔
"发现闵行之美"闵行区政协文史丛书·故土之韵辑
吴玉林 编

出 版 上海书店出版社
(201101 上海市闵行区号景路159弄C座)
发 行 上海人民出版社发行中心
印 刷 上海丽佳制版印刷有限公司
开 本 710×1000 1/16
印 张 15.5
字 数 160,000
版 次 2021年11月第1版
印 次 2021年11月第1次印刷
ISBN 978-7-5458-2118-5/K.426
定 价 58.00元